让孩子找到最好的自己

教养四字经：慢决离放

素质教养权威 王擎天／主编

北京理工大学出版社
BEIJING INSTITUTE OF TECHNOLOGY PRESS

图书在版编目（CIP）数据

让孩子找到最好的自己：教养四字经：慢决离放 / 王擎天主编. —
北京：北京理工大学出版社，2015.2
　　ISBN 978-7-5640-9914-5

　　Ⅰ.①让… Ⅱ.①王… Ⅲ.①家庭教育 Ⅳ.①G78

中国版本图书馆CIP数据核字（2014）第252426号

本书中文简体版通过成都天鸢文化传播有限公司代理，经华文网股份有限公司授予北京读品
联合文化传媒有限公司独家发行，非经书面同意，不得以任何形式，任意重制转载。本著作
限于中国大陆地区发行。

著作权合同登记图字：01-2014-6079

出版发行 / 北京理工大学出版社有限责任公司
社　　址 / 北京市海淀区中关村南大街 5 号
邮　　编 / 100081
电　　话 / （010）68914775（总编室）
　　　　　82562903（教材售后服务热线）
　　　　　68948351（其他图书服务热线）
网　　址 / http://www.bitpress.com.cn
经　　销 / 全国各地新华书店
印　　刷 / 三河市金元印装有限公司
开　　本 / 700 毫米 × 1000 毫米　　1/16
印　　张 / 15　　　　　　　　　　　　　　责任编辑 / 李慧智
字　　数 / 150千字　　　　　　　　　　　　文案编辑 / 李慧智
版　　次 / 2015年2月第1版　　2015 年2月第1次印刷　　责任校对 / 周瑞红
定　　价 / 32.00元　　　　　　　　　　　　责任印制 / 边心超

图书出现印装质量问题，请拨打售后服务热线，本社负责调换

目录
CONTENTS

【作者序】 陪孩子走过每一段EQ（情商）练习　　　001

第一章 慢养，让孩子找到最好的自己

孩子没礼貌，先别急着责骂

　　——练习让孩子具备社交礼仪　　/ 008

别让孩子变得饭来张口，茶来伸手

　　——练习让孩子帮忙做家务　　/ 015

别让孩子只记住你生气的模样

　　——练习宽容地对待孩子　　/ 022

假的沟通方式会让孩子对父母失去信任

　　——练习与孩子成为彼此的伯乐　　/ 029

不要将悲观的想法带到教养里

　　——练习乐观地面对生活　　/ 038

特殊儿的缺陷美

　　——练习接纳亚斯伯格症（Asperger syndrome）孩子　　/ 047

教养EQ检测 您是孩子喜欢的快乐父母吗？　　/ 055
教养EQ检测 孩子的挫折忍受力如何？　　/ 057

第二章 决断，限制满足孩子的多余需求

结实饱满的稻穗总是低着头

      ——练习让孩子谦和待人　　/ 062

终结言语和肢体暴力

      ——练习化解同侪纷争　　/ 069

拒绝拜金主义

      ——练习让孩子的内在很富有　　/ 078

对食物弃如敝屣

      ——练习珍惜食材不浪费　　/ 086

本是同根生却不友爱

      ——练习同在屋檐下的相亲相爱　　/ 094

别一心想搞定孩子

      ——练习搞懂不同孩子的需求　　/ 101

教养EQ检测 您的教育方式，孩子埋单吗?　　/ 108

教养EQ检测 孩子的浪费指数有多高?　　/ 112

目录
CONTENTS

第三章 离开，提供孩子承担责任的机会

从容的时间教养

——练习从速度切换成态度　　/118

家长老师不同调

——练习听听孩子怎么说　　/125

胡乱称赞让孩子不辨对错

——练习做人处事有原则　　/133

孩子的受挫力不足

——练习让孩子具有抗压性　　/144

说谎成性怎么行

——练习真诚地对待每个人　　/155

网络时代的亲子关系

——练习在虚拟世界亲密相处　　/166

教养EQ检测 您是怪兽家长吗?　　/175
教养EQ检测 孩子的个性属于哪一类?　　/178

第四章 放手，让孩子独立走出自己的路

亲子间不用讨价还价

　　——练习遵守当初的约定　　/ 184

克服写功课症候群

　　——练习养成自动自发的基本习惯　　/ 191

白脸黑脸都是为孩子好

　　——练习解开隔代教养的心结　　/ 201

千错万错都是别人错

　　——练习反省自我不卸责　　/ 209

失去亦是获得

　　——练习带领孩子认识生命教育　　/ 215

认识穿裙子的男生

　　——练习建立性别平等的观念　　/ 222

教养EQ检测　您对孩子的溺爱指数是多少？　　/ 231
教养EQ检测　您是诚信父母吗？　　/ 233

【作者序】

陪孩子走过每一段EQ（情商）练习

多年来，通过接触到的各种亲子案例，我发现孩子任性、依赖、无理取闹的情形有逐年攀升的趋势。分析总结不同父母的各种教养方式后，我得出了"慢""决""离""放"四大提升孩子EQ的教养原则：慢养，让孩子找到最好的自己；决断，限制满足孩子的多余需求；离开，提供孩子承担责任的机会；放手，让孩子独立走出自己的路。

在一次演讲中，我向台下的爸爸妈妈们讲述了一则故事，让他们以此检视自己的教养方式是否得当。试想若您是故事中的妈妈，又会怎么做呢？

有一天，我在地铁站看到一位约四岁的小孩躺在地上哭闹，凄厉的哭声再加上竭力嘶吼，引来众多路人侧目。小孩的手脚不停捶打地面，还哭喊着："你带我去啦！我不管啦……呜……你好坏……好坏啦……"

故事讲到这儿，我便问现场的父母遇到这种情况该如何处理。结果约有一半的父母表示会破口大骂并责打孩子，目的是希望借由打骂来喝止其哭闹。这时，我反问："那你们是不是也认为孩子的行为让你们有失颜面？"这些父母都点头了。

然而，另外一半父母则会向孩子妥协，满足他们的需求，期望孩子别再任性、无理取闹！当然，他们除了不忍心看孩子哭闹外，也希望能够"保住自己的面子"！

其实，以上两种类型的回应都有不妥。孩子在面对问题与失败时，父母应该冷静处理并积极看待，避免以情绪化的方式来解决。孩子出现情绪化的行为时家长该如何应对呢？

让我们看一看孩子的妈妈是怎么做的。她没有因孩子哭闹而妥协，甚至在现场等待孩子自己平复情绪。她对地上的儿子说："我们之前已经说好不去动物园了，你现在躺在地上哭闹，我也不会答应你。我现在要走了，你自己站起来。"说完，那个小孩依旧在地上哭喊，而且变本加厉，妈妈站在原地不为所动，等着孩子自己起身。大概过了一两分钟，哭声渐渐变小，只剩抽噎声，最后我看到他擦掉眼泪站起来，跟着妈妈离开了。

这个故事使我认识到，孩子的EQ与父母的教养态度息息相关，这也就是"慢"的呈现。这位妈妈若是答应孩子的要求，其实会抑制孩子圆融处事的EQ能力。我相信在这位妈妈的理智教导下，她的儿子在面对难题时，一定能拥有正向乐观的心态与解决力！

在现实生活中，若我们给予孩子的关爱和物质太多，可能使孩子变成只懂接受不懂付出的"无感人"。事实上，EQ除了指对各种状况的情绪反应及心理承受力外，也包含做人处事的态度：面对挑战，孩子是积极面对还是消极无奈；面对挫败，孩子是乐观检讨还是沉溺忧伤……

而积极应对的态度，有赖于父母从小的教导与培养。父母的教养态度、方法、言传身教无疑对孩子的成长具有莫大的影响，让孩子借由爸妈的言行来反思自己的行为，在潜移默化中培养淡定EQ力！

素质教养专家　王擎天

第一章

慢养，让孩子找到最好的自己

　　每个孩子都像一颗种子，即使看起来幼小脆弱，却能在父爱和母爱的滋养下，慢慢地茁壮成长。孩子长大的过程中，无须强灌施肥，也不必揠苗助长，因为父母虽能决定种子的数量，却无法预知种子将会开多少花、结多少果。请父母从容地等待和陪伴，给孩子绽放自己的机会。

慢，即"慢养"！孩子的成长如同树苗般，需要父母浇灌正向开朗的教养思维、耐心不躁进的包容和支持，以及激励体贴的言语，这三大要素缺一不可。不要期望他们像杰克的魔豆（出自动画片《杰克与豆茎》，魔豆的豆茎一晚上便长到天空那么高）般快速抽高，也无须和他人一较高下，让孩子尽情挥洒自己的潜能，成长出属于自我的独特模样！

"慢养"练习：
在日常生活中，传递孩子礼仪观念。

孩子没礼貌，先别急着责骂

——练习让孩子具备社交礼仪

李先生是一家知名教育集团的总经理，有两个儿子分别是九岁和十三岁。对孩子的教养中，他尤为重视孩子学习礼节，从小便教导他们用餐时不可越过别人的筷子夹菜，也不能在长辈未动筷前先动筷等用餐礼仪，还有与他人的应对进退等也要以礼相待，不可逾矩。

在某次公开的亲子演讲场合中，他对着台下聆听的父母分享了一件家中发生的小故事：

有一天下班，我带了某个友人赠送的饼干礼盒回家，随手放在茶几上便上楼。当天晚上，我在二楼的书房看书，小儿子因为想吃饼干，便蹦蹦跳跳地跑上来，害羞地询问："爸爸，我可以吃礼盒中的饼干吗？"

我放下书，走过去摸摸小儿子的头，并对着满脸期待的他说："当然可以！但别忘了留一些给其他人吃！"

小儿子得到我的许可后，开心地点点头，三步并两步地冲下楼去。

听完这则故事后，台下很多家长认为这是"小题大做"了。这时，李先生笑了笑说："我相信很多父母都会想'不过是一个饼干礼盒，本来就是带回家给家人吃的，小儿子为什么还要特地跑来问？'其实，我并不是计较礼盒里的饼干，而是希望孩子知道这个礼盒是别人送给'我'的，并不是送给'他们'，即便他们知道我会将饼干分享给家人，但基于礼貌，也必须询问过后才能吃，这是尊重他人的表现。"

这时，台下父母们恍然大悟、纷纷点头表示同意，有些家长甚至互相谈论家中小孩经常取而不问的坏习惯，骂了好多次还是不听的情况。李先生接着说："现在的父母对小孩不仅大方，还疼爱有加，无论是食物、玩具或用品都任孩子拿取，丝毫不计较，儿女也一副理所当然的模样，无形中已养成不问自取的恶习；但在我们家里不会有这种情形发生，在拿或借用不属于自己的东西前，一定要先询问物品的主人。当然，若父母多次告诫仍不管用，可以试着向孩子借东西，并礼貌地征询其同意，久而久之，孩子会模仿父母的行为。只要多耐心示范几次，便可改善孩子的行为。"

李先生的一席话点醒了台下无数父母，虽说疼爱孩子是父母的天性，但万万不可忽视"日常生活的礼仪教育"，教导孩子凡事以礼为先，才能引导孩子成为谦和有礼的人。

社交礼仪，用行动来证明

家长可以试着回答以下的问题："有好吃的食物时，孩子会和你一起分享吗？""亲戚来访时，孩子会主动让座给长辈吗？"如果孩子没有分享和礼让的观念，旁观者难免会觉得"真是没礼貌"，这代表孩子还不懂社交礼仪，不习惯为他人着想。

在孩子的成长过程中，父母扮演着重要的楷模角色，多数孩子都是从模仿家长的行为来学习待人接物的。因此，对孩子的教育而言，身教比言教的影响更显著。

父母若仔细观察孩子，就会发现在孩子的身上经常可以看到自己的影子，作为父母，如果对自己的长辈说话比较大声，情绪控制不当的话，孩子会像一面镜子，当他不开心的时候，也会把怒气出在自己父母身上。他们依循爸妈的个性来学习待人处世，所以家长应正视以身作则的教育，给孩子一个好的示范，如主动跟人打招呼、尊敬长辈、谦虚有礼等，都是父母平常在孩子面前应该展现的行为。

常听一些父母表示，当孩子行为不当时，他们一定会出言制止："不行""不准""不可以"，但口头警告总是得不到孩子正面的回应。

其实，经常用"不"来拒绝孩子，容易打击孩子的信心，孩子听久了也渐感麻痹，而且只是口头教训，也会让孩子无所适从，不知道怎么做才对。

具体的指引才是孩子学习文明举止的依据，教导孩子"懂礼貌"更是父母的首要课题，下列三种教育方式可供父母参考。

1.在生活中模拟演练

父母可在家中进行"处处有礼貌"的示范。例如，当我们想请孩子协助时，可以开口询问"能请你帮个忙吗？"孩子起床后，可以主动道声"早安！"若孩子帮忙买东西，也要开心说"谢谢！"如果父母误会孩子根本没做的事，或是一时乱发脾气，也应该主动向孩子说声"对不起！"

即使是到餐厅吃饭，服务生端上餐点，或是为顾客清洁桌面，父母也可以向服务生表达感谢；带孩子去商场买东西或是到游乐园玩乐遇到人较多时，父母应示范并带着孩子守规矩地排队，如此孩子就能亲自实践"礼貌"行为。

另外，父母也应让孩子在有安全感的环境里，学习礼貌。当父母以身作则地展现礼貌时，也要让孩子模仿并确实实行，而家中成员、熟悉的亲朋好友或邻居都可以作为练习对象。

当孩子勇敢向人问好，父母可给予孩子小小的奖励，如小贴纸、一个拥抱等，对年纪较小的孩童来说，自我行为得到父母认同是一种肯定，亦能树立孩子的自信心。

2.鼓励孩子表达感谢

当孩子拿了糖果却没向对方道谢时，父母可以鼓励孩子："如果你开口说谢谢，某某会很开心哦！"如果孩子的声音很小，父母可适度称赞："你表现得很有礼貌！"一旦孩子渐渐习惯表达礼貌后，就不会如此胆怯了。假使孩子下次向人道谢或打招呼时有进步，父母可以再度给予鼓励，但不需用实际物品，诸如一个温暖的微笑、温柔的抚摸，或是一句称赞的话语都是赋予孩子继续努力的动力。

如果孩子当下不愿表明谢意，或是孩子看到父母向对方道谢却依旧没有任何反应，不宜以强硬的态度勉强孩子，因为他可能只是太害羞，并不是没礼貌；也不要语带威胁地说："要说'谢谢'才可以拿哦！"以免孩子心生畏惧。父母不妨让孩子在家里多练习几次，孩子就会渐渐了解如何表达礼貌最为妥当！

3.让孩子明白负面言语的伤害

学龄期的孩子与外界接触一段时间后，对新的人事物已经不再陌生，模仿的对象除了父母之外，也包括老师和同学，有时候孩子会脱口说出粗俗的话语，如讨厌鬼、王八蛋等。虽然父母会担心孩子变得没礼貌，但此时先别急着责备，试着理解孩子说的这些话背后的含义，并让他们明白，逞一时的口舌之快其实是在伤害对方。

父母不妨也让孩子体会一下负面言语所带来的不悦。例如，孩子骂朋友笨蛋时，父母可以反问他若听到同样的话会有什么感受，内心是否会不舒服？尽量以平和但认真的态度与孩子对谈，不要直接责骂，一方面是因为他们有可能不懂话中意义，只是单纯模仿或觉得好玩；另一方面是倘若未了解原因就一味责备，孩子很可能会负气而变本加厉。要耐心和孩子沟通，使其明白言语对他人造成的影响。

美国研究发现：养成好习惯至少要二十一天，但破坏却无须那么久。因此，期望孩子拥有面面俱到的社交礼仪，应从小培养他们"主动打招呼""处处有礼貌"的习惯，使孩子能发自内心地展现礼仪，真诚地与他人相处。

"说"的亲子练习题

有一天，妈妈带着七岁的轩文搭乘公交车，一位先生主动让座给年幼的轩文，只见轩文一屁股坐下却没任何表示，这时妈妈该如何回应呢？

NG行为

"没礼貌！快跟叔叔道谢！"直接否定孩子的表现，并在大庭广众下责骂孩子，不仅会让轩文觉得很没面子，而且在众人的注视下，只会让他更加胆怯。

高EQ回答

"真的非常谢谢您！"自己先示范并展现礼貌，同时也鼓励孩子向对方表示感谢。若孩子也向好心的叔叔道谢，妈妈可以给轩文一个温暖的微笑以示肯定。

别让孩子变得饭来张口，茶来伸手

——练习让孩子帮忙做家务

尚宇妈妈是万能的家庭主妇，不仅烧得一桌色香味俱全的饭菜，家务也是由她一手包办，她每天都把家里打理得井井有条，连就读初一的尚宇也很依赖妈妈。

每天早上，妈妈都会轻声叫醒孩子："起床喽！"尚宇一睁开眼就会闻到厨房传来阵阵奶油炒蛋和煎培根的香味，当他坐在餐桌上享用早餐时，妈妈连坐下的时间都没有，因为她正在阳台晾衣服；当尚宇准备出门上学，妈妈则忙碌地收拾餐桌上的碗盘，并拿去泡水清洗；尚宇出门后，妈妈开始打扫整个家，从叠被、擦桌子到整理房间、拖地，等家务全部干完后，已经是下午四点多，尚宇也放学了，他一打开家门，就闻到阵阵饭菜香，而妈妈正忙进忙出地准备晚餐，非常辛苦。

有一天，老师问全班同学："在家会帮妈妈做家务的举手。"几乎全班都举手了，只有尚宇和少数几个同学没有举手，老师又问："在家里不会帮忙做家务的同学举手？"尚宇和另外两个同学尴尬地举手，全班同学都以看稀有动物的眼神望向他们。

其实尚宇也不是不想帮忙，他还记得有一次，他自告奋勇地说要洗衣服，但他倒了半桶洗衣液，导致泡泡从洗衣机溢出来，流得满地都是，爸爸妈妈还因此滑倒，摔得四脚朝天；还有一次，他只是想帮妈妈倒一杯果汁，却不小心打翻，杯子也摔碎了，自此之后妈妈就不再让他做家务，这让尚宇觉得自己什么事都做不好。

那天放学回家，妈妈在尚宇的联络簿上看到老师写了一行字"让孩子学习做家务"。接连几天，尚宇妈妈不断思考这句话的意思，并仔细观察尚宇在家的行为举止，她发现儿子似乎很懒惰，不仅衣服乱丢一地，吃完早餐的碗盘也不收拾，尚宇妈妈将一切看在眼里，并露出一丝豁然开朗的微笑。

"这几天忙着打扫，做得腰酸背痛，真的好累，尚宇可以帮忙煮晚餐吗？"妈妈温柔地询问儿子。

尚宇露出迟疑的表情，以为自己听错了。妈妈看上去是真的很劳累，可是他根本没煮过晚餐，一定会搞砸，尚宇不禁自卑地想着，但最后他还是腼腆地点点头说："好。"

仿佛得到重要任务的尚宇立刻放下手中的玩具，他跑到厨房，打开冰箱检视有哪些食材，妈妈也陪在尚宇身边教他认识卷心菜、鸡蛋和豆腐等食物，于是尚宇像在宣布天大的消息般说道："今晚就吃炒卷心菜、煎荷包蛋和麻婆豆腐！"

尚宇拿出一颗卷心菜，缓慢地剥下一片一片的菜叶，妈妈看到尚宇的动作这么慢，很想出手帮他，但她猛然想到那行字"让孩子学习做家务"，于是压制住协助的冲动，只是在一旁提醒尚宇，注意火的大小、先尝尝味道会不会太咸等，两小时过后，三样菜都上桌了。

煮完晚餐的尚宇像是经历了一场战争，不仅满头大汗，脸也被油烟和炉火熏得红彤彤。

"很厉害哦！煮得很好吃。"爸爸的称赞让尚宇有些不好意思。

"尚宇做菜好用心，以后一定会越煮越美味！"听了妈妈的话，尚宇露出害羞的微笑。

尚宇妈妈看到桌上的菜，不禁觉得尚宇长大了，她也终于了解让孩子参与家务的重要性，虽然刚开始不太熟练，可能会把碗打破、衣服也洗不干净，甚至将饭菜烧焦，但如果不制造学习自理的机会，尚宇就会一直依赖父母而无法独立！

父母懒一点，孩子能力越无限

建立孩子的信心，让孩子拥有先耕耘后收获的体验相当重要，这将促使孩子主动付出且学习独立。然而现代的父母总是像尚宇的妈妈一样，给孩子做牛做马，让孩子成了高高在上的小王子和小公主，也容易养成好吃懒做的坏习惯。

事实上，父母适当地给孩子一些小任务，可以让孩子享受完成任务的成就感。

《远见杂志》就曾刊出"煮出成就感"的亲子专题，即妈妈让小学的儿女学习做家务，培养他们完成家务的能力。这不仅能使孩子融入家庭，还能让亲子间的关系更紧密，每个父母都可以尝试。

1.家务人人有责

像尚宇这样眼睛睁开，就有人为他做好早餐、洗好衣服的孩子，其实不在少数。如今的小孩虽然幸福，但父母必须明白把孩子当作温室里的花朵，可能会让他们变成"生活白痴"。

孩子在学校本来就有打扫时间和应该遵守的生活公约，不如就让孩子从分担家务开始学习，如整理房间、倒垃圾或拖地等，父母可以从旁鼓励，但应避免用钱或玩具诱使孩子去做，因为家务事应让子女学会分担而不是将其物质化，否则孩子感受不到自动自发的重要性，甚至认为得到报酬是理所当然的。

培养孩子对家庭的责任感和积极人格甚至比用功念书更加重要，以下便提供亲子共同分担家务的方法：

（1）列出各项家务清单，依照孩子的能力分配工作，父母也要共同参与家务分配，建立公平观念，不要有特殊待遇。

（2）父母应先示范家务工作的正确做法，再带着孩子一起完成。示范家务要有耐心，但也不必太过严肃，家人之间应保持愉悦的心情完成。避免使用"你，去倒垃圾！"之类的命令句，改用"走吧！我们一起去倒垃圾！"的鼓励语句，孩子才不会抗拒做家务。

（3）一边游戏谈天，一边完成打扫工作，不仅能增进家庭情感，对于孩子日后的能力培养和人际关系皆有助益。

2.不要介意孩子做不好

从出生开始，孩子就必须学习各种事务，在大人眼里很简单的事，对孩子而言却不然，他们需要时间去摸索并习得能力，其中免不了有做不好的时候，此时不宜加以责骂，否则孩子会产生抗拒做家务的心理。如尚宇初学煮饭时，对烹饪还不熟悉，所以动作比较慢是正常的情况，不妨多给孩子一些时间和练习的机会，他一定会越做越好。

3.陪伴孩子养成能力

如果小孩把家务搞砸该怎么办呢？其实无论是孩子或父母都有粗心的时候，若遇到孩子不小心将水打翻或是把菜烧焦，你无须动怒，因为生气不仅无济于事，甚至还会使孩子对倒水或煮菜产生恐惧。最好是陪他一起收拾善后，或是重做一次，有始有终地完成，让孩子懂得对家务负责，并尽力做好！

埃里克森（Erikson，美国著名发展心理学家和精神分析学家）的心理社会发展论曾提出"从成功经验建立学习能力"的看法，他认为，要养成学龄儿童的勤勉感，必须培养他们面对课业、与他人互动的各种能力。这些能力将帮助他们顺利完成课业或生活中的各项任务，在学习中获得成果，从这些"成功经验"里，孩子会对自己产生信心，愿意持续努力。即使日后遭遇困难，也会学着累积自己的能力，去面对困境、解决问题而不轻言放弃。

反之，在这个阶段里，大人若剥夺孩子的自理能力与自我从事活动的机会，孩子就会养成依赖大人的性格，难以具备责任感与独立性；另一方面，孩子因缺乏靠自己完成任务的体验，会逐渐失去仿效和学习能力，容易在活动中退缩，形成性格上的自卑感和懒惰特质。

4.做家务是孩子成长的关键要素

孩子从小跟着父母学做家务，在过去是很普遍的现象，但如今这样的学习模式却几乎消失了。现在的家长舍不得让子女做家务，这导致孩子的独立性和责任心也急速流失。

做家务是最好的亲子互动，孩子会与一起做家务的人产生亲密与信任感；现今家庭中的成员总是各自忙上班、上学、上网，彼此在生活中没有交集；若能一起承担家务，孩子可以学习如何与人共事，于家庭关系和生活独立都会有正面帮助。

维持温暖整洁的家，不能只依赖父母，要全家人一起付出，这是每位家庭成员的责任。另外，不可忽略做家务为孩子带来的学习效能，如买菜、煮菜、洗碗、扫地、包饺子等，孩子的各种自理能力都是从日常事务中习得，如挑选新鲜蔬果的观察力、清扫环境的细心程度、学习烧菜等动手做事的能力，这些都是从童年培养而成的。

很多孩子小时候喜欢帮忙跑腿儿买东西、打扫、倒水，乐意帮忙做许多事情，以获得完成任务的喜悦和成就感。然而长大后，愿意主动做家务的孩子少之又少，孩子也越来越难独立，故父母应设法让孩子习惯做家务，使其从中学习、成长。

"说"的亲子练习题

小员对画画很有兴趣，所以他和班上同学一起参加画画比赛，同学的作品获得优胜，小员的作品却没有得到评审青睐，这让他感到很沮丧，他把这件事告诉爸妈，这时小员的父母该怎么回应呢？

NG行为

"你没有别人会画还敢去比赛，不要出去丢人现眼了。"打击孩子的信心，全盘否定孩子的努力。

高EQ回答

"我们共同来欣赏你和其他人的画作。"父母可以肯定孩子为画画所付出的努力，增加他的自信，并鼓励他精进自己的能力。同时让孩子欣赏他人的优秀之处，从他人经验中学习，即使没有赢得比赛，但是每一次的进步，都会带来战胜自我的成就感。

"慢养"练习：
理直不气壮，与孩子健康地吵架。

别让孩子只记住你生气的模样

—— 练习宽容地对待孩子

小克爸爸很重视儿子的在校成绩，每天下班后，踏进家门第一句话就是："功课写好了吗？"而小克通常会在父亲回家前，完成每日作业并认真温习。

这天，爸爸一如往常地于固定时间下班，进屋后却不见小克在书桌前复习，反倒是看到儿子目不转睛地盯着卡通，看得一脸入迷。爸爸立刻板起严肃的面孔问："今天的功课做了没？"

"还没，但是再有十分钟就结束了，等一下看完马上去！今天的卡通是特别篇，我已经期待很久了，所以……"小克一边解释，双眼不忘留意着电视。

"闭嘴！我早就说过写完功课才准看电视，你为什么都听不进去？而且卡通这种没营养的东西看了又有什么出息！"爸爸没等小克说完，直接对着他劈头责骂。

"我又不是不写功课，只是想晚一点再写，再说如果我写完功课才看，卡通早就演完了，就不能破例一天吗？"小克觉得自己没有错，仍急着辩解。

"你还敢顶嘴！有一就有二，你变得一点儿规矩也没有了！看那些没营养的垃圾卡通，成绩会变好吗？你现在立刻给我关掉电视！"气急败坏的爸爸命令小克，并要他马上回房间做作业。

"就算你是大人也不代表你说的就是对的！为什么我一定要听你的？看卡通是我的兴趣，我不觉得卡通没营养，反而是我的精神食粮。何况我只是想先看一下电视再做功课，并不代表我会荒废学业，为什么你们大人总要这么说，完全不能明白小孩在想什么！"被逼急的小克也对着爸爸吼回去。

"砰！"小克爸爸把手上的公文包重重摔在地上。

"你现在就滚回房间去！"

小克气得说不出话，他一声不吭地关上电视，"啪"的一声把遥控器摔在地上，闷闷不乐地走回房间，把房门重重甩上。

过了一会儿，妈妈来到小克的房间，本想安慰儿子几句话，没想到一推开房门，就被房间内的景象吓了一跳。桌上的书全被扔在了地板上，作业本被一页页撕下来，七零八落地散了一地，小克则是趴在书桌前不断啜泣。

小克看见妈妈走进他的房间，以为妈妈要责怪他不该和爸爸吵架，但是缓缓走到小克身边的妈妈只是温柔地摸摸他的头，询问他为什么要将课本和作业弄得乱七八糟。只见小克气得脸颊涨红，眼泪鼻涕流满面，一副可怜兮兮的模样。小克把事情的原委告诉妈妈，并重申自己没有做错，只不过是当下太愤怒才把气出在书本上。

妈妈听完后，对小克说："表达自己的想法没有错，但不需要动怒，更不用人身攻击，也不该把其他东西当作出气筒；相反地，应该以不伤人的方式说服对方接受自己的想法。"

小克听了妈妈的话，随即陷入沉思，他承认自己的确太冲动，对爸爸说出伤人的话语，看到地上被撕烂的课本，他更觉得后悔。反省过后，小克决定找时间向爸爸道歉，并与爸爸再一次好好沟通。

争执，是亲子相处的必经之路

父母与孩子不仅在年龄上有差距，两代人的成长背景更有着天壤之别，因此难免会有观念上的冲突与争执，意见相左虽然令双方感到不快，但亲子吵架也有其健康的一面：至少孩子觉得家庭是安全可信赖的，才敢于将自己的意见与情绪表达出来。

若是孩子不敢在父母面前表现喜怒哀乐，不能互相分享生活中的大小事情，每天都是话不投机半句多，即使表面上相处和谐，彼此之间却可能早已相敬如"冰"。当父母觉得儿女应该要乖乖听话时，往往忘记孩子也有自己的思想和看法，需要被家长理解和体谅。如故事中的爸爸认为一定要写完功课才可以看电视，站在父亲的角度，功课比娱乐更重要；但他却忽视小克视卡通为兴趣，没能理解并尊重儿子希望先看卡通再做功课的想法，一味要求儿子必须遵从自己的命令，因此两者的冲突一触即发。

争吵虽不值得鼓励，但亲子若能借由争执而反思，让为人父母的和儿女都能在互辩争拗中沟通出双方都能接受的解决方法，亲子亦能相互尊重进而体谅彼此的苦心，那么吵架未必只有负面作用。

建议天底下的亲子们要健康吵架，其基本原则就是不口出恶言、不恶意伤人、不做人身攻击，而且不将怒气迁移至其他人事物上，应就事论事、沟通再沟通，这才是正确的吵架态度。在此提供给父母一套解决冲突的方案，以减缓争吵时的杀伤力，使亲子关系更和谐紧密。

1.怒吼不是爸妈坏

美国心理学家的研究显示：对孩子吼叫，可以让他们学会如何面对负面情绪。这个结果让许多父母松一口气，并坦承："是的，我曾失控地对孩子大吼。"

此研究来自于对三十六个志愿参加研究的美国家庭的长期观察，被观察的家庭必须在家中装置迷你摄像机，进行为期一周的家庭生活录像纪录。其结论是，约90%以上的父母都曾对孩子大吼。

心理学家认为现代人面对的来自家庭和工作的压力很大，难免会有郁闷的情绪产生，但愤怒也是有底线的，最重要的是不能用言语侮辱孩子；同时要为孩子做心理建设，在孩子面前不生闷气，直接坦承你不高兴的源头并让他理解，若按捺不住性子而发飙，也应在事后告诉孩子你很爱他们，但情绪爆发确实是自己不对，所以你愿意向他们道歉。而事后的解释能让孩子懂得体谅对方的不快，如此才不会使儿女觉得父母的情绪难以捉摸，孩子也能从父母的行为中受益。

身为父母，面对层出不穷的状况时，都有抓狂的经验，但也往往在事后悔不当初。究竟发怒的界限在哪里？为此，美国《职业妇女》杂志曾提供一个具体的小测验，家长不妨测试看看，检视自己是否怒过头了！

◆你是否曾有完全失控，不能掌握自己怒气的经验？

◆你最近有在深夜两次以上须靠着喝酒才能冷静并放松心情的经验吗？

◆你是否曾在半夜疯狂无目的地上网数小时？

◆是否常常晚上突然醒来就再也睡不着？

◆是否常在发怒时，不经思考就对小孩或是先生怒吼？

◆是不是总看另外一半很不顺眼，常常吵架？

《职业妇女》杂志建议，若以上六个问题中，有三个以上的答案肯定，那么你可能就要考虑求助心理咨询，解决经常愤怒的根源了。

2.吵个有用的架

怒火上升的时候，建议父母使用几个小技巧让情绪平复，如想想儿女的优点、让人捧腹的笑话、吃块巧克力，或是在脑中进行简单的计算，如3+2、8×6、10÷5，等等，其目的是转移自己的注意力，缓和情绪的爆发。然而，父母的愤怒若忍不住宣泄，请试着遵守以下原则再发作：

（1）**避免全然否定的措辞**：生气的当下你是否会说"你最不用功了！""你房间总是那么乱！""你都当作耳边风！"这类说法提到"最""总是""都"，听起来很刺耳。孩子也不禁越听越气地反驳："你又不是我，怎么知道我都怎么样！"结果，问题不但没解决，反而使沟通气氛变僵。家长应该针对事件，具体让孩子知道你生气的原因，例如："我不希望你没写完功课就看电视。"明确地说出不悦的理由。

（2）**听比说更重要**：吵架的时候，并不是单纯地把怒气发泄出去，噼里啪啦地骂完就结束了，此时更应该听听孩子怎么说，判断孩子说的是否有道理。有些家长在教训小孩时，听到孩子为自己辩解就会认为是顶嘴，但其实聆听他们的想法比爆发不理性的情绪更能了解儿女的内心世界。

3.宽容而有原则

俗话说：人非圣贤，孰能无过。即使孩子在某些情况下，真的有做不好的地方，如忘记写功课、睡过头、边吃饭边玩手机，等等，父母也无须理直气壮地骂小孩，吵赢对方却伤害感情并非家长的初衷；心平气和地提醒孩子，使其自知理亏，理解自己的行为不当而改过，非但不伤和谐，又能坚守原则。日后孩子也能更懂得宽容他人，而不是认为只要自己对，就可以任意指责他人。

"说"的亲子练习题

琪琪一向是品学兼优的学生，但升上六年级后，成绩像溜滑梯一样退步。父母看到一落千丈的成绩，该怎么反应呢？

NG行为

"书都读到哪里去了！这种分数也敢拿出来见人，再不好好念书，以后就一辈子没出息！"不清楚缘由，直接生气。没能深入了解孩子退步的原因，并断言威吓未来出路的做法一定不好。

高EQ回答

"这次考得虽然不理想，但是没关系，写错的地方如果都学会了，你就是一百分了。"成绩退步可能是孩子在学习的过程中遭遇瓶颈或粗心大意，当然也可能是不够用功所致，先找出问题的源头，再给予协助和鼓励；毕竟每个学生的资质不同，即使努力后却没考到好成绩，家长也应控制情绪并宽容孩子。

假的沟通方式会让孩子对父母失去信任

——练习与孩子成为彼此的伯乐

叶爸爸有两个可爱的儿子，这两个小男孩只相差一岁，虽是从小一起长大的好兄弟，但两人的兴趣和个性可以说是南辕北辙。

哥哥俊豪活泼外向，放假的时候总相约三五好友去打躲避球，他最喜欢玩汽车、机器人之类的玩具，每次生日总是向爸爸撒娇要多买一辆玩具车；弟弟俊享的个性害羞腼腆，小时候看到陌生人总是躲在哥哥或妈妈背后，平时不爱出门，最大的娱乐是躲在房间里画画、玩娃娃，每次他最期待收到各种水彩和画笔，以及穿着华丽的洋娃娃。兄弟俩的个性虽然截然不同，感情却十分要好，即使各自有自己的房间，还是每天睡在一起。

有一天，爸爸无意间在客厅桌上看到俊享的课本，便随手拿起来翻阅，结果他看到课本里满是小儿子的涂鸦，而涂鸦的内容全都是穿着各式各样服装的洋娃娃，画得和俊享平常把玩的洋娃娃很相像，爸爸看到之后大吃一惊，他知道俊享生性害羞，兴趣也和一般好动的小男生不太一样，但他这个儿子也未免太奇怪了吧！

当晚，叶爸爸把俊享叫过来，将课本拿给小儿子，神情严肃地说："你自己看看！这是什么？"俊享拿着课本低头不语。

"你不爱念书也就算了，还在课本上乱画一通，你这么做尊重上课的老师吗？而且你是男生，画这种东西，让别人看到会笑你的。"爸爸皱着眉头对小儿子唠叨了将近半个小时。

小儿子依旧是低着头不敢看爸爸。

爸爸看到俊享闷声不吭，态度也柔和下来，他两手搭在小儿子肩上，说："其实爸爸也不是要怪你，只是为你好，怕你被别人笑。你答应爸爸，上课的时候不要画图，要专心听老师上课，也不要再画洋娃娃，你可以画动物、房子、车子之类的，有很多东西可以画呀！"

俊享垂着头叹了一口气，几乎是用气音对爸爸说："那为什么女生可以画娃娃，男生就不能？"

爸爸被小儿子问得一时语塞，就随便敷衍过去，并催促俊享该去睡觉了。之后，爸爸忧心忡忡地和太太谈论到这个话题，没想到太太反而觉得应该支持儿子做感兴趣的事，还说："儿子既然有画娃娃的天赋，我想不到干涉他的理由。"但她也认为俊享不该在课本上涂鸦，他的行为不尊重老师和课堂。

两夫妻商量过后，认为不该以怕孩子被笑作为借口阻止俊享画图，于是爸妈决定再找个时机和小儿子聊聊，他们要拿出真心与之交流，成为赏识孩子的伯乐。

让兔子当兔子，乌龟当乌龟

当孩子开始校园生活接触到各种课程的学习后，每个孩子的爱好和特点也表现得更为明显，有些孩子就像活蹦乱跳的兔子，不喜欢静静坐在座位上算数学、画图，喜欢到操场打球和跑步；有些孩子则像乌龟，不仅拥有过人毅力又肯下苦功，乐于阅读各类书籍、努力练琴，一步一个脚印地朝梦想前进。

每个父母都希望孩子遇到好老师，以开启孩子学习的潜力，殊不知自己就是孩子最重要的伯乐，知子莫若父母，我们来看一个发生在一位华裔设计师身上的故事。几年前的美国总统就职宴会上，奥巴马的夫人米歇尔于各式各样的漂亮晚宴礼服中挑选了一件手工缝制的象牙白精美华服，结果惊艳全场，当晚全球时尚界都在打听："设计这件礼服的人是谁？"

当时，这名为第一夫人设计服装的设计师也从电视转播中，得知他精心制作的服装在众多设计师的作品中被选上时，心中瞬间百感交集却又兴奋莫名，他第一时间拿起电话打给身在台湾的父母，电话一接通，他便激动地哭喊："妈妈！我们成功了！我们再也不怕被别人笑话了。"

这名在电话中又哭又笑的男子，就是一夕成名的华裔设计师吴季刚，当时年仅二十六岁。此后，各种报章媒体争相访问他的成名之路，人们都说他是少年得志，但吴季刚并不这么认为，他说："为了这一天的荣耀，我已经准备了二十年。"他表示自己从小就喜欢玩娃娃，而他玩的方式就是帮娃娃做衣服，包括绘制设计图和缝制。小时候总是缠着妈妈带他去看橱窗展示的婚纱，以激发设计衣服的灵感，但这些与其他男孩不同的行为总是引来非议，而他的妈妈却丝毫不在乎，不仅在他小学的时候，就为他找来设计系的教授担任家教，甚至在家里的地下室还为他打造独立的工作室，只为了让吴季刚可以心无旁骛地做感兴趣的事。

记者访问吴妈妈时，问她身为母亲看到吴季刚从小爱玩娃娃、爱婚纱，长大后又如此钟情时尚产业，是否曾想过要改变。吴季刚的母亲坦承："我其实曾经想改变他，也尝试要他选择其他学科，但看着他愈来愈爱设计、愈来愈坚持做自己喜欢的事，实在没有理由反对。"

很多人都告诉吴季刚，时装业很难进入，尤其是纽约的时装业几乎不见亚洲脸孔。这一点他并非不知道，所以他很感谢父母无怨无悔地一路相伴；当他怀疑自己是不是能成功时，父母却一直深信不疑。因此，他能快快乐乐做自己擅长的事，并闯出一片天，全是因为家人一直当他的伯乐。

若你听过揠苗助长的故事，就应该知道勉强孩子按照父母期望成长是无益的，无论是狮子、熊猫、绵羊还是兔子或乌龟，动物有自己的习性，不可能强迫狮子食斋或逼着绵羊开荤。换句话说，父母应该顺从孩子的天赋，强迫其做不拿手的事，只会让孩子过着束手束脚的生活。欲协助孩子展现天赋，父母不妨按照以下方式进行：

1.无限量地支持孩子

有一位母亲，她的女儿英文很差，但语文很优秀，女儿立定志向将来要研究古文诗词当学者；但这位妈妈并不开心，她反而想花两万元让女儿去补习加强英文。结果，女儿的英文成绩的确进步了一点，但却读得不快乐，而且她念书的时间几乎全部分配给了英文，反而语文退步了，于是母亲又帮女儿报名了全科班，补习所有的科目。

一般家长的想法是孩子哪科差就补哪科，很少有家长认同孩子该补的是感兴趣的那一科。其实父母最重要的责任之一，就是协助孩子找到他们的兴趣和天赋所在，然后让孩子充分发挥所长。

孔子"因材施教"的教学理念传承至今，但是现今的父母教育子女时，却容易忽略孩子的长处，反而一味强调英文和数学很重要，以后一定用得到。有些老师更是奉考试为圭臬，甚至将学生的音乐、美术和体育课时间挪用在其他科目的学习和考试上，这样的教学方式显然是告诉学生凡事应以考试为主。

家长们应该好好思考教育的功能是什么。校园提倡德智体美劳五育并行，目的在于使教育适应孩子的天性，而不是把孩子拿来适应教育的制度。

然而，并非每个孩子都像故事中的吴季刚一样，清楚明白自己未来的路该怎么走，大多数的孩子仍在摸索和寻求。斯坦福大学教授威廉·戴蒙（William Damon），在《迈向目的之路——帮助孩子发现生命的召唤》这本书里提供给父母一些建议，以实际的方法协助父母们找到孩子的天性：

（1）**仔细聆听**：为了使孩子内心模糊的梦想更为清楚，父母需要练习沟通的艺术，试着提出问题并且聆听孩子的回答。例如，目前对你来说最重要的事情是什么？为什么你会关心这些事情？对这些事情有何想法？对孩子来说，重要的事情可能包含家人、朋友、打球或阅读等，当其表达出兴趣后，可以鼓励孩子积极发展兴趣，如"你喜欢打球，可以考虑参加校队"，或是"推荐你一本很有趣的书！"父母支持孩子探索兴趣的过程，可以让孩子信任家庭，也能使孩子在没有压力的情况下知道自己的长处。

（2）**分享自己的兴趣**：孩子还在摸索兴趣的时候，父母可以多分享自己或其他人的兴趣，表达的时候应尽量明确说出兴趣带来的喜悦与成就感，让孩子从言语中体会，引起跃跃欲试的好奇心。

（3）**培养孩子的自主性**：父母应接纳并支持孩子的兴趣，尊重孩子的自主性，不可任意干涉。例如，孩子喜欢变魔术，家长不应阻挠，也不该批评小孩的兴趣，甚至做比较，或者说写书法比学魔术好之类的话。让孩子为自己做决定，不仅能使其努力实践，亦能培养孩子日后的责任感。

2.陪伴孩子在追求兴趣中接受磨炼

虽然孩子的兴趣值得被鼓励，但是应该让孩子明白追求兴趣的路途上，并非只有快乐，也会有艰难的关卡需要闯过，当孩子遭遇困难时要让其了解无论如何父母都会陪伴他克服。家长们协助孩子培养兴趣时，必须明了一个观念，栽培孩子的兴趣并不表示要放弃其他部分。下面便提供几种方式，让孩子能踏实逐梦：

（1）如果孩子不在乎读书和考试成绩，只想徜徉在他热衷的事物上，在尽力发展他的天赋之时，仍要坚守原则；若他明明有能力兼顾兴趣和学业，却只是因为不喜欢学习而排斥，应提醒孩子教育能充实我们的知识、想法，并带来更宽广的思想，对追求兴趣亦有实质帮助。

（2）追求梦想的路途上，可能会有许多阻碍，如不被看好、引来嘲弄、难以长进等难关，作为孩子的伯乐，此时应教导孩子相信自己并坚持下去，而不是遭遇困难就退缩。

（3）家长可以化身啦啦队给予支持，陪孩子解决难题，帮助建立成就感，但不应替孩子下指挥棋，也无须告诉他该怎么做才对；让孩子自行思考解决之道、勇于承担，才有助于克服瓶颈。

3.别急着为孩子找兴趣

很多家长为了培育孩子拥有十八般武艺，将孩子的时间表排得很满，放学和假日等空闲时间早已安排了书法课、绘画课、小提琴课、舞蹈班等，着实是用心良苦，但孩子若对这些没兴趣，父母就会换成其他如陶艺课或游泳课，让他们就这样一学好几年，尽管学费缴了不少，孩子却迟迟找不到兴趣所在。

其实这样的问题不只发生在一般家庭，连股神巴菲特也为此困扰过，他的儿子彼得自小学习钢琴，但曾经受挫而中断过四次，虽然从小就热爱音乐，长大后却想成为摄影师，最后发现拍照并非真正志趣而放弃；就在彼得念斯坦福大学时，受到朋友琴声的激励，重拾对音乐的热情，从此踏上音乐之路，并成了著名的音乐家。

彼得的著作《做我自己》中曾提到一句话："游荡的人未必都是迷路的人。"（Not all who wander are lost.）意即人的兴趣虽然尚未明朗，但终究会找到自己想要的人生志趣，所以父母不必急着去找孩子的兴趣所在，时机到了孩子会告诉你；但是当孩子告诉你时，必须勇敢放手让他追逐。

事实上，并非每个小孩都像吴季刚一样从小就很清楚自己要什么，但他的母亲一旦接收到这个信息，即能鼓起勇气抵挡别人的闲言碎语，保护他走上与众不同的路。所以，家长应从容静候时机到来，不用操之过急。

"说"的亲子练习题

小嘉自幼看着爸爸帮庙宇雕刻佛像和神像，左邻右舍无不佩服他爸爸纯熟的雕刻技术。耳濡目染之下，小嘉对木雕也有了浓厚的兴致，他立志要和爸爸一样走木雕这条路，这时家人该如何表示呢？

NG行为

"爸爸含辛茹苦地栽培你，希望你将来有一番作为，你怎么可以辜负我的期望？你好好读书就好，木雕的事想都不要想！"孩子的兴趣被爸妈泼了冷水，如此孩子容易对父母产生强烈的不信任感。

"做这一行没那么简单，你一定吃不了苦！"贬抑孩子的信心。

高EQ回答

"你对木雕有兴趣的话，爸爸愿意让你尝试，但学习雕刻会非常考验耐性，并非一蹴而就，希望你好好加油！"表达支持开放的态度，同时为孩子做基本的心理建设，但不需要太过严厉，孩子愿意多方尝试是值得鼓励的，父母应陪同小孩在兴趣中找到成就感。

不要将悲观的想法带到教养里

——练习乐观地面对生活

小蔓生活在一个不和谐的家庭，自她有意识以来，便经常看到大大小小的吵架戏码在家中上演。父母不仅经常因为小事吵架，妈妈私底下也会对小蔓抱怨爸爸对她不好。

某天，小蔓站在家门口正准备开门进去，却在门外听到里面传来谩骂声。"你为什么昨天晚上没回来？又跑去喝酒了对不对！"妈妈正疾言厉色地质问晚归的爸爸。

"我工作这么辛苦，偶尔小酌两杯有什么关系！"浑身酒气的爸爸不以为然地反驳。

"你三天两头喝得醉醺醺地回来，根本是孩子的坏榜样！"妈妈双手叉腰，与爸爸展开骂战。

"一回来就要听你唠叨个不停，我宁可不回来！"爸爸不甘示弱地吼回去。

"好啊！你有种就不要回来，我眼不见为净！"

爸爸不再搭腔，气得甩门离去，他在门口撞见站立许久的小蔓，无奈地叹口气便头也不回地走了。

妈妈看到爸爸拂袖而去，满腹怒火瞬间变成忧愁满面，委屈地哭了出来，边哭边说自己命不好，嫁错人又过得不快乐。小蔓见状便上前安慰母亲，妈妈止不住哭道："爸爸不要这个家了，我只剩下你可以依靠，你一定要乖乖听话，不要像爸爸一样让我失望。"

听到妈妈这样说，小蔓感到莫大的压力，但她没有说话，不愿让妈妈再受刺激。自此之后，妈妈将整个重心都放在小蔓身上，若是小蔓的成绩稍有差池，妈妈就会对她说："妈妈从小就命苦，家里贫困无法让我读书，找不到好工作，也赚不了多少钱，只好仰人鼻息、看人脸色过日子。你有受教育的机会就要好好读，不然就会像我一样歹命。"

小蔓原以为这只是妈妈的过渡期，也许过一阵子就会复原了，没想到妈妈逐渐失去了平时的笑容，遇到任何事都会让她感到不快。某一次吃晚餐的时候，妈妈夹菜到小蔓碗里，她嚷着吃不完，妈妈却脸色一沉地说："你是不是要像爸爸一样，不听我的话？"结果，小蔓只好勉强吃完。

又有一次，妈妈在床边读白雪公主的故事给小蔓听，这是一本小蔓爱不释手的故事书，她最喜欢听"王子与公主永远幸福地生活在一起"这一段，但是当妈妈讲到这一段时，竟冷冷地说："童话故事都是骗人的，根本不能相信。结婚之后，根本没有幸福和快乐，每天要面对一大堆家务，为小孩做牛做马，丈夫也不会像婚前一样体贴，翻脸就和翻书一样快……"

妈妈像泄洪似的说个没完，而小蔓听着听着就睡着了。

有一次，妈妈接到小蔓老师打来的电话，老师向其反映小蔓的在校情况，她说小蔓是善解人意的女孩，与同学相处愉快，但最近却经常一副若有所思的样子，问她怎么了也只是摇摇头，原本开朗的她变得很悲观，成天唉声叹气，动不动就埋怨自己命不好，甚至看不惯分数比她高的同学，心情也随着成绩起伏；分配打扫工作的时候，如果她被分到扫厕所，就会觉得自己运气不好，连厕所都跟自己作对；老师上课讲到圣诞老人的故事时，小蔓更是旁若无人地大声说："世界上根本没有圣诞老人，圣诞节也没什么好开心的！"

妈妈听完老师这一席话，陷入几秒钟的错愕，她恍然大悟，小蔓会变成这样是自己的责任，于是她赶紧问老师该怎么办才好。老师建议小蔓妈妈多关心孩子的情绪，以积极正向的话鼓励小蔓，让她能随时保持乐观，即使遭遇挫折也能坚强面对。

挂上电话后，妈妈反复咀嚼老师的话并思考良久，她发现女儿怨天尤人的模样简直像极了不快乐的自己，要改变小蔓就得先改变自身，于是妈妈一扫前阵子的阴霾，决定以豁然开朗的态度和小蔓一起快乐地拥抱生活。

父母的快乐就是孩子的快乐

家庭氛围对孩子有十分深远的影响，因为孩子与家人的相处时间最多，父母也是孩子最主要的模仿对象。若家长抱持积极乐观的态度生活，孩子无形中也会受到激励，以实际作为代替自怨自艾；反之，若父母将消极悲观的情绪带入教养中，则会让孩子充满不安全感，不敢尝试新事物，以致遭遇瓶颈或挫折的时候停滞不前。

承以上所言，悲观和乐观并非单纯只是心情的悲伤或快乐，而是一种生活态度。美国正向心理学家塞利格曼（Seligman）在其著作《教孩子学习乐观》中表示，乐观的人把不幸的事情理解成有特定的原因；悲观的人则诠释为普遍的现象。例如，考试成绩不佳时，乐观的孩子可能会觉得："因为我没有好好准备"（特定的），悲观的孩子有可能归因于"我本来就不聪明"（普遍的）；比赛打输了，乐观者会觉得"我不擅长踢球"（特定的），悲观者则认为"我运动神经不好"（普遍的）。当孩子把失败当成特定事件来解释时，即使某些部分表现不佳，但孩子仍会积极努力，并在其他方面肯定自己，有了这样的想法后，他自然就有动机去尝试，无须外力介入；但将失败当作普遍现象时，容易全面否定自己，认为自己任何事都做不好，未尝试就先放弃。

一个人有可能将悲观扭转成乐观吗？塞利格曼认为乐观是可以

训练的，因为孩子的悲观思想，很大部分是模仿或受他所接触及尊敬的人的影响，例如家人、老师和朋友。其中又与家人的关系最为亲密，所以首先父母必须改变自己对事情的解读方式。若家长送儿女去学钢琴才艺，孩子表现得却不如预期时，应该这么想："多花一点时间练习会弹得更好"或"也许孩子对钢琴没兴趣，但他的绘画能力不俗"，而非直接否决孩子"你不是弹钢琴的料"。

孩子会习惯性地仿效父母的言行举止，所以父母千万别让自己深陷在悲观的想法中，然而保持乐观并非不能在孩子面前表露负面情绪，因为人生本来就有无法控制的喜怒哀乐，不过当你感觉伤心愤怒时，应避免将情绪转移至孩子身上，在这个时候要求孩子做任何事，都只是为了填补心中受到的伤害，日后孩子也会学你迁怒别人。

乐观的教养越早学会越好，其快乐法则就是勇于接受现实的挑战，以促进自主性、成就感、成功经验和坚持动力。如此得来的成功经验，可培养孩子面对挫败时的复原力，以及对于万事总有转机的期待，实行方式如下：

1.提高孩子的自我效能感

"自我效能感"（Self-efficacy）是指一个人对于自己是否有能力完成某项任务的信心。自我效能感低的人会觉得自己做任何事都徒劳无功，遇到工作或课业阻碍时，很快就会放弃原先的企图心；自我效能感高的人则是将困难视为挑战，坚信自己努力就能克服，在追求目标的过程中，这样的信念可以让人怀抱热忱和执着，进而达成目标，并忍受过程中所遭遇的各种打击。

而在学校里的竞争性评分与排名，会使许多孩子感到自身能力不足，毕竟第一名永远只有一个，高分的人也只占少数。故建议评分应以每个人的进步来评断，这样才能有效提升自我效能感。例如，学生组队训练野外煮食的技能时，有的人生火、有些人清洗食材，有的人则负责料理烹调等，每个人都各司其职，没有名次之别；而原本不会生火的孩子，习得生火的技巧，以个人的表现评断他的进步，便能使其获得自信和能力。

生活中有很多机会可以让孩子认同自己，并提高自我效能感，以下提供具体的方法给家长们参考：

（1）**试试看就知道了**：当孩子看到与自己能力相当的人获得成功时，会产生"他做得到，我也做得到"的念头，此时你可以鼓励他落实这个想法，勇于尝试。如果孩子觉得"他太厉害了，我根本办不到"，家长可以陪孩子一起做，给他安全感，同时也赋予孩子愿意尝试的机会。

（2）**给予信任的口头肯定**：每个家长对子女都抱持很大期望，但鼓励儿女的话应具体并接近孩子的能力，如家长可以说："我相信你能在二十分钟内完成这一页的练习题。"而不是含糊地说："我相信你可以快速写完。"

（3）**不要随便泼冷水**：当儿女兴冲冲地告诉你，他的数学考得比班上第一名的小强还要高两分的时候，家长不应说："那又怎样！小强其他科目都比你高出十几分。"孩子有可能因为你对他根本不抱期望或感到失望而失去奋斗的动力。家长不妨改口说："我很高兴看到你超越自己，但其实你不需要和别人比较，因为你积极不放弃的精神才是爸妈乐见的。"

2.以平常心接受生活中的成败

父母虽然希望孩子能获得成功经验，但也要让他们了解，没人能够永远一帆风顺。

孩子应体认到失败只不过是生命的过程而不是末日灾难，举例来说，如果孩子因不懂某道数学题，就认为"我绝对学不好数学"，或者朋友没邀他一起玩捉迷藏，就觉得"同学都讨厌我"，即显示他对生活普遍感到不满。

家长不妨从旁协助，指出这些难题并不长久也非全面，只是暂时和特殊的地方；并以正面的观点解读孩子的经验，鼓励他"我懂得你的沮丧，数学的确不容易，但其他的题目你都会了，就再试试看吧！"或是"也许同学们还不熟悉你，不确定你想不想玩，不妨主动约他们一起玩"。不管孩子的情绪怎么样，保持理解，有助于缓解其钻牛角尖的悲观心态。

3.无论天气如何，你可以自己带着阳光

儿女的成长不一定都来自顺利、成功的经验，有些成长，是从失败和磨难中产生，所以无论事情有多坏，乐观汲取负面经验才是最重要的。以下是保持乐观态度的小提醒，提供给家长参考：

（1）**容许孩子有情绪**：孩子拥有恐惧、悲伤或焦虑的情感，才能学习敞开心胸，克服负面情绪；如果孩子因为输掉一场球赛而哭泣，家长不应说："这么大了还哭。"拒绝孩子发泄情绪，反而会将亲子关系闷坏了；在孩子难过时，应理解、体谅他的心情，适时让他静一静，或是听他哭诉。

（2）**"快乐"兼具享乐和意义**：不管是在校园或家庭，从事对个人重要又有乐趣的活动，才是快乐的推进器，如分享一本好看的书或电影，甚至是运动、下厨、动手做玩具等。确认每一周，都有让孩子觉得愉快和有意义的时间，因为根据研究显示，类似的快乐经验，会增进亲子情谊，常保生活愉快。

（3）**快乐来自心理状态**：快乐并非来自成绩好坏或零用钱的多少，而是能否对现状感到满足和愉悦，换句话说，快乐取决于孩子所重视的生活质量，以及对外在事件的诠释。

（4）**保持身心健康**：身体的状态会影响心灵，所以陪孩子一起规律运动、保证充足睡眠，并维持健康的饮食习惯，使其身心平衡就能带来正面情绪。

（5）**快乐的指标是关心**：孩子快乐的最重要来源就是经常关心他的父母，因此，父母应经常教导孩子关怀身边的人。

"说"的亲子练习题

皓皓从学校回来后一直显得闷闷不乐，爸爸问他发生了什么事，皓皓难过地说："小威本来是我最要好的朋友，每节下课他都会约我一起到操场玩，但是他今天跟我说，他最好的朋友不是我而是凯凯，以后不会再跟我一起玩了。"爸爸听了儿子的话，该如何安慰他呢？

NG行为

"我还以为是什么要紧的事，没想到你居然为了这种小事烦恼，真是太没用了。"情绪被轻视，孩子容易变得更加钻牛角尖，走不出伤心的循环。

高EQ回答

"失去朋友的确不好受，但你可以试着与小威和凯凯一起玩啊！就算他们不愿意，我相信以你活泼善良的个性，一定会交到其他好朋友。"父母理解并陪伴孩子解决困扰他的问题，并给予孩子乐观的思考方式。

特殊儿的缺陷美

——练习接纳亚斯伯格症（Asperger syndrome）孩子

班上同学都很讨厌小育，因为他玩溜滑梯和荡秋千的时候，从不排队，每次都粗鲁地越过长长的队伍直接插队，丝毫不考虑别人的感受；而且老师上课的时候，小育非常爱讲话，尤其讲到甲虫之类的话题，就滔滔不绝地一直说，老师请他停止，他却充耳不闻，所以常被老师罚站。

小育的联络簿每天都被老师写满红字，喜欢插队、上课爱讲话、以不雅言语侮辱同学、破坏教室公物等，妈妈一看到联络簿上的红字，就忍不住摇头叹气，对于儿子的行为，她也略知一二，妈妈总是苦口婆心地劝告儿子不可以任性妄为，但小育却总是不听不理。

"你为什么玩溜滑梯不排队？"妈妈耐着性子询问小育。

"因为我要玩溜滑梯。"

"你为什么不听老师上课，还一直讲话打扰同学？"

"我喜欢讲甲虫的事情。"

"你为什么要骂同学？"

"张小婷她真的是大屁股，她的屁股那么大。"小育认真地用手比出宽度。

"你为什么要把贴在公布栏的画撕下来？"

"我不想看到。"

妈妈常常觉得小育答非所问，虽然她想纠正儿子的言行举止，但儿子却左耳进，右耳出，她也不知道该怎么教小育才好。尤其小育有一些偏执的原则，让妈妈感到哭笑不得，如带小育去大卖场买东西，一定要买麦芽牛奶给他喝，如果不买的话，儿子就会不顾旁人眼光，直接从卖场冰箱拿出牛奶，在原地坐下来喝，没喝完就不肯走；而且小育吃晚饭前，一定要先洗澡再吃饭，即使菜都放凉了，或是他的肚子已经很饿，仍坚持如此。妈妈遇到这些奇怪的坚持也唯有妥协。

儿子升上高年级后，换了一个新老师，开学第一天，老师在全班同学面前一一点名，当老师点到小育的时候，口误念成"小义"，结果小育大声地说："老师怎么那么蠢！'育'和'义'都搞不清楚。"

老师听到小育的话，先是愣了一下，接着笑说："不好意思，我不小心念错了你的名字。"

小育第一次看到有老师向他道歉，他也愣住了。然而小育很快就故态复萌，不仅在老师上课时一直说甲虫的话题，打扰老师讲课，同学也都纷纷到老师面前告状："老师！小育他每次玩溜滑梯都插队，而且他还说小明是放屁王！"

于是，老师陪同小育到溜滑梯前，要他观察其中一位小朋友，接着老师说："你看那位小朋友的表情，看起来很期待玩溜滑梯，但是他并没有争先恐后地插队；他轮流排在其他人后面等待，等前面的人溜下去，再换他溜。"老师说到"轮流""等待""插队""争先恐后"等关键词都会停顿并加强语气，并一边说一边带着小育排队，讲完后也刚好轮到小育玩溜滑梯。

此外，老师私底下找来小育，并告诉他："小明不喜欢你叫他放屁王，他喜欢你直接叫他的名字。所以你每次说话前，可否先想一下别人会喜欢你说什么？"刚开始，小育的改变不大，但经由老师反复劝说，他变得愿意排队；而且当他的话要冲口而出时，小育总是努力地吞回去，并想过后才说。

妈妈翻开小育的联络簿，再也看不到老师的批评，取而代之的是"热爱大自然""排队守规矩""甲虫小博士"等赞美的评语。学校开家长会时，小育的妈妈更是亲自到校感谢老师对儿子的教导。

老师说他没做什么，只是切身了解小育的需求和个性后，发现他可能是亚斯伯格症孩子，也就是自闭症，这类孩童并不笨，只是需要特别的引领和教导，多付出耐心引导孩子，才能使他们与别人有良好的互动及自理能力。听了老师的话，妈妈便查了许多关于亚斯伯格症的资料，理解到孩子并非她想象中的怪角色，小育只是比较特别，需要亲人耐心陪伴。知道孩子的状况后，妈妈不仅更懂得如何与儿子相处，同时对孩子的未来充满信心。

亚斯伯格症非关教养

亚斯伯格症是自闭症的亚型，属于广泛性发展障碍（Pervasive Development Disorder）的一种，主要是神经心理功能异常，导致学习与生活适应困难，男女患病比例约为8：1。自闭症患者会有人际互动困难、语言沟通困难与特殊或过度执着的行为。故亚斯伯格症患者虽然会主动参与人际互动，但说话技巧差，他们想的和父母不一样，所以需要父母更多的爱和耐心。不擅于社交沟通但对于特殊兴趣的投入程度相当高。

和一般身心与智能障碍的儿童相比，亚斯伯格症的小朋友外观完全无异常，有自我照顾的能力，认知能力也无明显的落后，所以他们就读于一般公、私立学校，但却常被误认为白痴、讨人厌，很难得到同情。其实这些现象皆属于症状之一，并不是教养问题。亚斯伯格症的症状如下。

症状一，亚斯伯格症患者与人交谈时，眼睛不太注视对方，经常出现很多不识相的言行；因其无法察言观色，故无法理解与遵守社会常规，如不肯排队、玩游戏不守规则等，无法依照情境表现适当的行为，且不易融入团体。

症状二，这类型的孩子语言发展无迟缓现象，甚至发展得特别好，不仅表达清晰，还会说较为艰涩的成语。但他们无法与人一来一往地自然对话与聊天，且因凡事会负面思考与自我中心，常说出惹人厌、甚至刻薄恶毒的话语，并喜欢纠正别人。此外，他们也听不出语言上的弦外之音，没有连贯能力，所以不懂隐喻，也听不懂拐个弯的笑话，与人对谈常会滔滔不绝地说自己感兴趣的事物。

症状三，他们通常有特殊或狭隘的嗜好，对特定学科与事物，如数学、历史、天文、地铁、昆虫等，有高度的兴趣与天分，但其他没兴趣的事物就很难引起他们的学习动机。生活习惯也有所偏执，如走固定路线回家、到卖场去就非买冰淇淋不可；此外，亚斯伯格症的孩子的知觉系统不是非常灵敏就是迟钝，所以受不了聊天、音乐之类的声音，或是对周遭任何声响无感。

建议家长对待亚斯伯格症的孩子要有耐心，试着用以下方法学习如何对待他们。

1.入学前，先告知老师和家长

每当孩子换新老师、新班级时，应在开学前诚心地与老师沟通孩子的状况，让老师有心理准备；也让家长们知道孩子不是暴力分子，只是有时行为比较奇怪，并表示愿意积极配合老师的引导。

2.入学前，先让孩子熟悉环境

建议开学前，家长可带孩子逛逛校园，用影像记录教室、操场、洗手间等重要地点，并反复观看影片使孩子对环境感到安心。

3.帮孩子交朋友

妈妈可以经常在孩子的联络簿上贴提醒的小纸条，并署名"爱你的妈妈"，或是写一些小纸条给坐在孩子附近的同学，如"谢谢你温柔地陪伴他"让同学对孩子产生好感。

4.善用视觉教学

告诉孩子"要乖乖听话有礼貌"是没有用的，应先定义什么是"乖乖听话有礼貌"，然后带着孩子实际做一次；练习数次后，再慢慢变化情境、增加难度。

5.告诉孩子每个人都不一样

老师对待亚斯伯格症孩子的态度，是影响全班同学态度的最大关键。若老师常和亚斯伯格症孩子硬碰硬，或表现出大惊小怪的样子，孩子可能很难在班上立足。建议老师帮孩子慎选友善的同学当邻居，并容许孩子有较多的时间处理情绪，或耐心等他的情绪平复，不坚持当下压制。要懂得放大他们的优点，耐心且温柔地陪伴；甚至可以跟孩子先讲好一些密码或暗语；并且在公开场合提醒他们时，也要顾全他们的自尊。

6.接受治疗并定期追踪评估

老师和家长平常应细心记录孩子的异常行为，因为亚斯伯格症孩子接受儿童心智科或精神科的协助后，通常表现良好。各县市都有早疗通报转介中心、相应的早疗鉴定医院及师范院校特教资源中心的电话咨询服务。一旦确诊，积极参加早疗课程，课程结束后也要定期追踪评估。

7.稳住自己、提供正常家庭环境

家长是孩子最坚强的支柱，孩子其实可以察觉最亲近家人的情绪变化；先稳住自己，才有力气和孩子一起奋斗。

"说"的亲子练习题

上楼梯时，走在前面的胖女孩动作较慢，患有亚斯伯格症的小亚不耐烦地说："这个大屁股走快点！"这时，同学或老师该如何反应呢？

NG行为

"说话怎么可以没礼貌！快跟对方道歉！"严厉指责只会遭到孩子的激烈回应，而且这类型的孩子难以判别是非，生气只会收到反效果。

高EQ回答

"她不喜欢你说她是大屁股，如果有人挡到路时，你可以从旁边绕过，或是请对方借过。"小亚无法站在别人的角度上想事情，心直口快，所以不会说善意的谎言；虽然看似不尊重他人，且态度粗鲁没礼貌，让人尴尬，但其实并无恶意。师长或同学若能示范适当的行为和语言，可以帮助孩子仿效。

教养EQ检测~
您是孩子喜欢的快乐父母吗?

　　自我觉察是情绪教育的根基,在察觉孩子的情绪之前,父母要先具备检视自己情绪的能力,坦然接受自己的感受,才能发现问题所在,进而提出改善方法。请详细阅读以下的描述,选出符合您的项目,并计算打钩的数量,对照解析结果。

□1.我认为做人应凡事以和为贵,不应该让别人不愉快。

□2.我很容易感到心情不好、生活无趣。

□3.我喜欢对朋友吐露心情。

□4.别人向我表达他的内心感受时,我会觉得不自在。

□5.我不太会生气,因为我觉得那对事情无益。

□6.我很难对别人表达不满。

□7.我常觉得自己不够聪明、不够好。

□8.我没时间放松,因为永远有太多的事情要做。

□9.朋友对我的印象是觉得我很搞笑。

□10.我绝不会轻易地伤感或掉眼泪。

解 析

说明：请计算打钩的数量，对照以下的解析结果。

A. 1~3个选项是幽默风趣的父母。这类型的父母乐观又正面，总是为家庭带来许多欢笑声，即使遭遇困难，也能面带微笑地坚强解决。其幽默感也影响教养态度，父母一般教导孩子遇到困难应勇于面对，并想办法解决，而不是逃避闪躲。

B. 4~6个选项是阴晴不定的父母。这类情绪不稳定的父母，心情会随着遭遇的事情起伏，而且不习惯探索自己的情绪，对事物有自我的解读方式，不易听进他人的建言。孩子可能会觉得这类父母的个性很难捉摸，父母答应过的事情可能会在愤怒或悲伤的情境下而反悔。建议家长要多了解自己的需要，找到宣泄和排解压力的管道，以免将情绪带入教养中。

C. 7~10个选项是闷闷不乐的父母。对事物的看法很悲观，甚至一点小事都可以延伸联想到很差的结果，对自己很没有信心；孩子若看到父母总是处于忧郁的情绪里，也容易养成自卑性格，对什么事都不抱期望。建议此类型的父母要多学习解决问题的方法，试着欣赏自己和孩子，从亲人身上找到温暖和积极生活的动力。

教养EQ检测~
孩子的挫折忍受力如何？

童年累积的正向情绪，是孩子未来克服挫折的利器；而父母的一个拥抱、一句温柔的话语，都能一点一滴为孩子储存正向情绪能量。请阅读以下描述，检视孩子的抗压性如何。

□1.孩子偶尔觉得自己很没用。

□2.孩子会勇于承认自己的错误。

□3.孩子不会做没有把握的事。

□4.孩子喜欢与其他人做比较。

□5.孩子的个性和能力很少获得肯定。

□6.孩子常说："只要我努力，一定做得到。"

□7.孩子不喜欢面对挑战。

□8.只要曾经失败，孩子就会拒绝再做。

□9.孩子很在意别人对自己的评价。

□10.孩子常常被责骂或嘲笑。

解 析

说明：请计算打钩的数量，对照以下的解析结果。

A. 1~2个选项。 孩子的挫折忍受力相当好，遇事不退缩，而且有克服困难的勇气。在教养问题上，父母可多与孩子沟通，适时了解孩子的想法，提升孩子的EQ。

B. 3~4个选项。 孩子的挫折忍受力中等，对于拿手或是失败率低的事情很有自信地去做；但碰到难度高的任务可能会逃避，家长可多留意孩子遇到挫折时的反应，陪他一起面对之余，也可以提供正面建议，以协助解决问题。

C. 4~5个选项。 孩子爱抱怨，且有逃避困难的倾向，家长平时可多在生活中制造成功经验，帮助孩子建立自信，即能有效培养挫折忍受力。若孩子愿意尝试，但却失败了，父母也应从旁鼓励，避免打压孩子。

第二章

决断，限制满足孩子的多余需求

　　爸妈们，您如何解读爱的教育？爱孩子不等于没有铁的纪律，若家长没有制定规范，任由子女予取予求，当然会养出贪婪的无底洞；父母爱儿女可以没有上限，但教养一定要有底线，坚守原则不暴怒、不妥协、不恐吓，拿出高EQ态度面对孩子的任性、哭闹和贪求。

　　决，即"决断"！随着孩子的成长，父母也要练习拥有一颗"决断"的心。当孩子提出不合理的要求时，父母要懂得"果断"拒绝；当孩子无法完成任务时，请父母"下定决心"收回那双多余的手。孩子唯有在您"决断"的教育下，才能变得理智、自立！

结实饱满的稻穗总是低着头

——练习让孩子谦和待人

曦和出生于一个小康家庭，爸爸是一名工程师，妈妈则是普通的家庭主妇，父母只有曦和一个儿子，所以给了他全心全意的爱，并且特别重视对儿子的教育。儿子在夫妻俩的悉心栽培下，小学成绩全校排名不仅年年第一，初中还因成绩优异，直接跳级到初三就读，杰出的课业表现让父母甚是欣慰。

望子成龙的心情，天下父母无一不是！曦和的爸妈与其他家长一样，从小就对自己的孩子寄予厚望，曦和的妈妈看到电视中受访的著名医生、律师和教授等杰出人士，都是毕业自声名远播的名校，她便深深感觉到知识对一个人成功的重要性，更相信只要学识丰富就能行遍天下，无论身在何处，都能出类拔萃。

于是，曦和出生后没多久，还只是两三个月大的小婴儿时，妈妈便开始实施"字卡教学"，她在墙上贴满九九乘法、唐诗三百首，以及小学课本里的课文和词曲等，妈妈期望孩子能在潜移默化中，锻炼高人一等的智能，而曦和在课业上的杰出表现也的确从未让家中的父母失望。

有一天，曦和的妈妈接到学校老师的电话，请她到校一趟。妈妈急忙来到老师办公室，她看见自己的孩子理直气壮、一脸不以为然地站在老师身旁，妈妈询问老师发生什么事了，老师解释："曦和把班上一位同学的考卷撕掉，因为对方的分数太低，并且还嘲笑人家年龄比自己大，却考出这种见不得人的分数！"

妈妈听完后，露出震惊的表情，转头看了曦和，没想到他却面无悔意地说："这本来就是事实啊！"

这时，老师先请曦和回教室，并向妈妈述说了孩子的在校状况："曦和虽然成绩优异，但在人际相处与礼貌上却相当薄弱，不仅不与同学往来，别人向他请教功课，他还会讽刺对方'这么简单也不会'！还记得有一次请他去找训导主任拿文件，他竟然连门都没敲就直接进去，而当时主任正巧不在，他还径自拿起办公桌上的报纸来看，让刚回来的主任相当生气。"

妈妈听完后，在生气失望之余，突然发现自己的教养内容中漏掉了最重要的品德与生活处事能力！原来，妈妈一心盼望孩子成才，所以从不让他做家务，甚至也不带他出外游玩，更别说是让儿子和其他小朋友玩耍了。此外，曦和只要提出要求，爸妈都会答应；甚至儿子若稍有不顺心，即便再不合理，妈妈都会马上安抚并顺从他。

在曦和上初中前，妈妈扮演了陪读的角色，全程照顾儿子的饮食起居。在这种偏颇教育下，曦和连最基本的人际交往都不懂，甚至没有主动与人交流的意识，因而变得高傲孤僻、任性懒散。即便妈妈此时恍然大悟，仍需花费更长久的时间来教育孩子已养成的坏习惯！

父母，请收起"易拉罐之爱"

近年来，亲子教养问题不外乎是孩子任性、霸道、依赖等，与之前《商业周刊》提到的"孩子们正遭受'溺爱病毒'攻击"的主题相吻合，他们不仅没有物质缺乏的困扰，课业也备受父母关注！

望子成龙、望女成凤是所有父母的期望，如今的爸爸妈妈们也大多像曦和的母亲一样重视孩子的早期教育，以致忽略日常生活中与人相处的基本道理。

从曦和嘲笑同学并把考卷撕掉，以及任意拿起主任桌上报纸阅读的行为来分析，孩子骄傲、任性、目中无人，都源自于父母一味满足孩子的需求。其实，曦和妈妈如今的首要任务便是让孩子明白"目中无人"便代表着自私、不合群，也意味着不愿怜悯、关怀他人。此外，也要教导曦和在团体中不应极力坚持个人喜好、要任性，应懂得理解他人、待人谦和的礼仪，并培养孩子互助合作的心态。

而在家庭生活中，建议父母采取下列做法，培养孩子尊重他人的正向品格。

1.取消孩子在家中的特殊地位

从故事中的曦和来看，想必他在家中一定是衣来伸手、饭来张口，只要认真读书，爸妈会极尽所能地满足他的需求。在家庭中，父母应保持中立态度，不给予孩子特殊待遇，使其建立"人生而平等"的观念；当孩子有所要求时，应让他知道只有合理的要求才会被满足。

2.教导孩子尊重每个人

引导孩子凡事礼让并尊重长辈，如座位先让长辈坐、主动帮忙倒茶等；尽量请孩子协助他人，使其体会付出时所感受到的满足与愉快心情。

品格教育是教养的核心，无论长者或其他人都需得到尊重，家长可通过以下方式传授孩子：

（1）**模范仿效（Example）**：大人应成为示范者，运用生活实例使孩子进行楷模学习，或利用时机介绍过去历史或现实社会中值得学习模仿的英雄典范人物。

（2）**解释厘清（Explanation）**：观念不能只靠父母单方面地灌

输，而必须通过真诚对话与讨论，解除孩子对价值观的疑惑，教孩子如何应对现实社会的复杂情境。

（3）**勉励劝谏（Exhortation）**：可通过影片、故事、体验等方式，从情感面激励出良善动机和恻隐之心，鼓励孩子展现道德勇气。

（4）**环境影响（Environment）**：老师要创造彼此尊重与合作的友善环境，学校行政团队也应通过典范领导，建立校园的品德核心价值与文化。

（5）**体验生活（Experience）**：教导有效的助人技巧，让孩子有机会亲身体验自己对别人的贡献。

（6）**自我期许（Expectation）**：通过奖励与表扬，协助孩子自己设定合理、优质的品德目标，并能自我激励与实践。

3.创造孩子与他人的交友机会

鼓励孩子分享自己的玩具、书籍、零食给朋友，学习与朋友互助互爱，培养谦让、公平分配的良好行为。同时教孩子欣赏同学的各种优点，并举出实例，让子女自然而然地模仿这些人的好行为。如A同学的优点是热心助人，他会主动关心跌倒受伤或心情不好的同学；B同学很大方，他不吝分享他的玩具。

4.让孩子建立良好的人际关系

现今社会相当重视人际关系，好人缘不仅能使人在各种环境下获得朋友的协助，交友广泛还可拓宽自己未来发展的道路。因此，父母应在孩子还小时，让他接触更多的人事物，避免插手孩子与其他小朋友间的摩擦，使其独立面对并自行解决问题，以建立圆融处事的能力。

美国权威心理学家、哈佛大学教授罗伯·寇尔斯（Robert Coles）曾提出："拥有财富及特权的孩子们，依旧感到不快乐、不满足。因其所拥有的玩具、旅游与任何要求，全都不请自来，即便得到也没有满足感，只会衍生出更多欲望。"此外，美国心理学教授索罗门·史奇莫（Solomon Schimmel）也形容希腊诸神，总是因愿望不需花费任何力气便轻易实现，使得他们不必付出努力，也不用想尽办法来满足需求，因而变得骄傲、烦躁易怒。

因此，希望天下父母收起那随手可得且廉价的"易拉罐之爱"，陪伴孩子却不立即伸手干预或帮忙，如此才能让孩子练习独立且成熟地面对未来！

"说"的亲子练习题

爸妈带阿翔去附近公园玩耍，小翔与其他小朋友发生争执，当时对方父母也在现场。即便分开他们两个，孩子们依旧相互瞪视，这时父母该如何回应呢？

NG行为

"住手，怎么可以动手打人，回家一定要好好教训你。"恐吓孩子，甚至在现场立刻打孩子，并向对方父母道歉。

"你快跟他说对不起！"不问孩子原因，直觉认定是自己孩子先欺负别人。

高EQ回答

"我们先听听孩子的解释。"邀请对方父母倾听孩子打架的原因。而孩子们起争执时，父母应即刻处理，让孩子明白自己打人的后果，并加以劝导与合理惩处。

终结言语和肢体暴力

——练习化解同侪纷争

爸妈在小萍年幼时，就发现她的反应比较迟钝，且注意力不易集中，经过医生诊断，证实小萍是一名多动儿。听到"多动儿"三个字，父母第一反应是不相信。

爸爸着急地询问医生："医生，我们家小萍很文静，怎么会是多动儿？"

"一般人以为调皮捣蛋、冲动又静不下来的孩子才是多动儿，但其实专注力不足、组织能力不佳等症状也属于多动倾向。"听完医生的解释，爸妈更是焦急，他们听从医生建议，带着小萍去上训练专注力的课程，但是效果始终有限。小萍的多动症状包括上课经常发呆、分心，写字速度很慢，功课经常写到半夜三更，课业成绩总是排倒数，小萍也因此感到很自卑。

小萍的智力正常，所以就读于一般学校，但她的学习力不佳，所以爸妈教导女儿必须再三重复，无论是学过马路、找钱等，都要多教几遍才学得会。然而最令父母担心的并非孩子的学习能力，而是发生在小萍身上的暴力伤害问题。当时就读小学的小萍经常丢三落四，橡皮擦和铅笔几乎天天会丢，原本家长以为是小萍太迷糊，所以爸爸还在橡皮擦上钻洞，把一条细线的一端绑住橡皮擦，另一端则固定在铅笔盒上，并请老师多提醒女儿要记得把文具收好，但老师一查才发现，班上有几个同学觉得小萍好欺负，便任意拿走她的文具。同学甚至威胁她不准向老师打小报告，否则就不和她做朋友。

小萍发呆的时候，嘴巴会放松张开，而且眼神涣散，有时候甚至会流口水，同学都觉得她很脏、很恶心，不是躲得远远的，就是嘲笑她是呆子或笨蛋。小萍饱受孤立之苦，所以她不敢违抗同学，有些同学更是得寸进尺地要求小萍每天交一千元，才愿意和她当朋友，小萍害怕自己持续被嘲弄，所以就去偷拿妈妈的钱。妈妈发现后，感到痛心又生气，把这件事告诉老师，并交给老师处理；结果，老师痛骂了同学一顿，还罚他们抄写课文。

然而，被处罚的同学却私底下骂小萍打小报告，甚至变本加厉地欺负她。

"你再去告状啊！我才不怕你！"有一个同学推了小萍一把，还对着她破口大骂。

小萍在座位上瑟缩身子，不敢反抗。

"去吃大便啦！"另一个同学拿笔在小萍的制服上写"探子马""吃大便"等不堪入目的脏话和不雅词汇。

小萍觉得非常难过，默默地流下眼泪。

"哭什么哭啊！装可怜！再哭我就打你哦！"其中一个同学，高高地举起椅子吓唬小萍。

围观的人更是起哄地说："打下去！打下去！"

结果，同学真的把椅子往小萍身上丢过去，痛得她闷哼了一声后，哭得更加委屈，这时候，终于有些人看不下去而跑去告诉了老师。

老师把这件事告诉小萍的妈妈，并表示会把同学欺负小萍的事告诉其他家长，妈妈听了不仅感到愤怒伤心，更觉得无能为力。暴力问题一直持续到小萍初中毕业，即使换了新班级、新同学，小萍仍逃不过被欺负的命运。

妈妈曾尝试交给老师处理，也曾出面与其他同学的家长沟通，但始终都没有用，难道小萍只能默默承受暴力的痛苦吗？

校园暴力，人人有责

根据儿童福利联盟的调查，校园暴力包含以排挤、言语威胁、嘲弄等肉体看不见的伤害为主，但近年来肢体暴力也越来越常见，而且发生的年纪日趋下降，从在初中生中比较密集已往下延伸到小学五年级。换句话说，暴力已经不是"少数人"才会遇到的特殊情况，每个班级都可能有施行暴力及被暴力伤害的孩子，因此处理暴力已经是学校和家庭必须正视的难题。

很多孩子面对暴力会选择沉默，宁可默默受苦，也不愿意向大人求救。主要原因是，青少年正逢自主性发展的阶段，他想证明自己是独立个体，向父母或老师求助显得自己无能；何况他比父母或老师更清楚同学的个性，告状可能更容易被孤立。故当孩子变得沉默不语、经常哭泣、易怒、难专心，甚至拒绝上学时，他可能在学校遭受暴力伤害，并且急需家长的帮忙。

如果孩子愿意向大人求助，请家长务必好好珍惜他对你的"信赖"，因为第一次求助时父母的反应与处理，决定了日后遇到问题，他愿不愿意再告诉你。以下三种反应是处理孩子求助时的地雷，可能阻断接下来的亲子沟通。

地雷一：责怪孩子："你之前怎么都不说！""不是早就告诉你，要懂得拒绝对方。"

地雷二：暴跳如雷地找对方算账，如此可能导致他在同学间的处境更艰难。

地雷三：家长若忽略孩子的告状，不把孩子的抱怨当一回事，只回应："坚强一点！"或"你要自己去面对！"

事情发生时，先静下来听孩子怎么说，当家长跟孩子有共同的感觉，并站在同一阵线，理解孩子的苦处，才能做其强力后盾。当暴力发生时，父母一定要先求助老师，而老师应和父母积极配合，营造和谐的班级环境，并加强辅导暴力者、被暴力伤害者及旁观者，才能有效预防暴力的发生。以下给出四个方面的建议：

1.经营班级的正向气氛

若等到发生暴力事件再处理其实缓不济急，老师可于平时经营温馨的班级气氛，让学生感受到班上所有人都应被尊重，大家也会包容彼此的差异和缺点，欣赏各自的不同。具体方法如下：

（1）**鼓励善意的行为**：建议班级内放一个"行善盒"，请孩子每周写下一次自己的善行或是看见的友善行为；也可以请学生互相写出同学优点，为避免大家集中写同一个人，老师可随机指定，并确认学生写下的句子都是良善无恶意，再拿给被称赞的人。

（2）**角色扮演**：老师先编好剧情，设定几个角色，如受害人、加害人、受害者父母、老师等，然后将学生分组，每组派出代表以抽签方式获得该角色，各组互相讨论角色的呈现方式，包含说话语气和个性。通过演戏和角色互换，让学生了解剧情中的角色处境，进而体会被害者的感受；但绝对不要让学生扮演现实生活中的自己，防止达不到互换立场的目的。同时教师必须清楚宣示："老师不允许任何人被欺负。"当大人宣誓捍卫正义的决心时，孩子也会认同，并明白老师若目睹暴力，会马上介入调停，而老师的态度和行为则会在无形中提高孩子向你通报校园暴力事件的积极性。

2.教导正确发泄怒气的方式

很多暴力者不知如何宣泄愤怒，故他们需要学习控制脾气，而不是宣泄在别人身上。无论老师或家长都应认真和学生讨论管理情绪的方式，出现班级冲突时，让施暴的学生意识到自己的错误行为。引导学生控管情绪，会比打骂或记过更能深入孩子的内心，师长和家长可通过以下方式引导孩子：

（1）**指出错误**：暴力者可能是不喜欢同学的某些特质而动怒，甚至动用暴力，此时除了告诉暴力者不可以用暴力解决之外，应指出这样并非错在"老师会生气"，而是错在他的行为会伤害别人。

（2）**指出后果**：让孩子知道暴力是违法的，公安民警是处理校园暴力的"最后防线"。有些孩子因为无知，犯了法却不自知，明确告诉孩子法律知识及规则，能使其三思而后行。

暴力者的手段与行径大多不一致，但其特征却有雷同之处，以下即列出共通处，让师长可借此改善暴力风气：

（1）喜欢掌控别人。

（2）经常利用别人。

（3）缺乏从他人的立场来考虑事情的能力。

（4）只在乎自己的欲望与愉悦，不在乎别人的需要与情感。

（5）当父母或监护者不在场时，会伺机伤害别人。

（6）习惯把较瘦弱的弟、妹或同侪视为欺负对象。

（7）常以怪罪、批评或任意指控的手法，将自己的无能与挫折投射到别人身上。

（8）拒绝接受自己的行为责任。

（9）缺乏思考能力，无法预见自己的行为后果。

（10）极度渴望被注意。

3.面对被暴力伤害的孩子

家长和老师首先要了解被暴力者与同学之间的人际互动，找出关系不良的原因，协助双方解决困难和心结；同时要教导每一位学生拒绝暴力、勇敢说"不"的表达技巧和坚决态度。这些技巧包含以下训练：

（1）**无惧无怕的表情**：暴力者总是挑看起来比较弱的人来欺负，他没想过被暴力伤害者会反抗，因此强悍有自信的表情可以有效遏止暴力行为。

（2）**说话时态度坚定**：被暴力伤害者说话总是唯唯诺诺或低头不语，如此将使对方得寸进尺，并更加肆无忌惮地欺负他，所以口气和态度的坚定都能让暴力者却步。

（3）**眼睛直视对方**：受欺负的一方因害怕暴力者，很难做到直视对方的行为，甚至可能需要反复练习几十次，孩子才能稍微达成，因此大人的支持与陪伴是关键所在。

每个孩子被暴力伤害的原因不尽相同，但有时老师扮演"裁判"的角色，非但无法解决问题，也让孩子永远看不清自己。比较好的方式是陪他一起思考："为什么同学针对我？我要改变吗？要怎么改变？"例如，孩子因为不讲卫生而被取笑，如果他也不喜欢这样的自己，应和他一起想办法解决，即使改变很小，也能产生持续努力的力量。

让孩子知道，他会被欺负，有些是自己的问题，但有些不是。若能带着孩子做一些改变，改善他不满意的现状，才有机会强化其信心，杜绝暴力现象一再发生。

4.给旁观者的一些话

大多数旁观者的心情有两类：一是担心自己如果出言制止，会成为下一个被修理的人；或是他也讨厌被暴力伤害的同学，所以暴力者的行为刚好为他出了一口气。

老师和家长必须让孩子知道，就算儿女不是暴力事件中的主角，依然是班上重要的一员，若是旁观者们能够勇于出面反抗或制止，绝对能有效终止暴力行为。旁观者不该表露事不关己的态度，相反要共同努力使班级有互助的凝聚力，而集结这股力量需仰赖全体家长共同努力，灌输旁观孩子要出手相助的价值观。

老师不妨提供孩子既可以保护自己又能伸张正义的方式。若暴力现场寡不敌众，他不必当下出面制止，但应私下尽快告诉老师。如果担心被视为告密者，可写字条或请人协助转告，而老师必须保密并对学生的通报立即做出回应，否则这些通报就会停止，师长也会失去学生的信任。

"说"的亲子练习题

义祥因为其貌不扬，在学校受尽同学们的嘲弄和玩笑，同学甚至在他的座位上写"丑八怪与猪狗不得进入教室"的字句。义祥不敢众人嘲弄，只能独自伤心流泪，他回家告诉父母，这时家长该怎么帮助义祥呢？

NG行为

"别人欺负你，你怎能像哑巴一样闷不吭声，你这样难怪对方会得寸进尺！"没有设身处地理解义祥的处境，反而责怪他纵容同学欺负，如此将使孩子无法信任父母能帮他解决困扰，使其感到更加孤立无援。

高EQ回答

"我会和老师商量这件事，并请老师让其他同学明白他们的行为是不对的。爸妈一定会陪你解决，你绝对不是一个人。"给予被暴力伤害的孩子更多关爱，并告诉孩子你的处理方式，陪孩子面对暴力，解决困难。

"决断"练习：
追求名牌，不如提升自我价值。

拒绝拜金主义

——练习让孩子的内在很富有

芝仪是在小康家庭中长大的孩子，父母给予她满满的爱，并教育孩子勤俭不贪求的价值观，避免以昂贵物质满足孩子的内心。所以，家长从不买多余的玩具给芝仪，也不太会在百货公司买昂贵衣物给她。

女儿一直都很习惯爸妈的教育态度，也不觉得自己需要名贵的东西来包装自己，无论包包或服饰只求实用耐穿。然而芝仪升上小学六年级后，开始和三五好友一起逛街买东西，她也逐渐认识几个班上同学都很喜欢的知名品牌。

"我存了三个月的零用钱再加上省下来的午餐钱，好不容易买到这一双我梦寐以求的Converse（匡威）帆布鞋。"好友小花开心地拿着新买的鞋子与芝仪分享。

芝仪仔细欣赏小花的千元新鞋，颜色和款式都很新颖，班上同学几乎人脚一双，而且小花穿着这双新鞋到学校，成功地赢来同学的关注。她低头看看自己脚下的布鞋，这是妈妈带她去市场买的，虽然她当时并不是特别喜欢，但是穿久之后也渐渐习惯。如今她看到小花和其他同学都拥有名牌帆布鞋，也心生羡慕地想要一双，于是她把这个想法告诉了妈妈。

"妈，我也想要买一双converse。"芝仪拉着妈妈的手向她撒娇。

"什么是'康粉丝'？那是什么？"妈妈不解地询问。

"就是某个牌子的帆布鞋啦！款式都好好看，班上同学都在穿，我也想要。"

"那个'康粉丝'一双要多少钱？"

"大概一千多块吧！"

"这么贵啊！三百九的鞋子好看又好穿，为什么一定要买'康粉丝'啊？"

"不一样啦！三百九的鞋子又没有converse的品牌图案，而且看起来好丑。"为了说服妈妈，芝仪接着说："你每次去喝喜酒还不是会穿那双在百货公司买的鞋子，你为什么不穿其他在菜市场买的鞋子？"

"话不能这么说，妈妈在赚钱，你又没有。"

"那我自己存钱买嘛！我拿自己的零用钱买总可以了吧！"

妈妈拗不过芝仪的请求，只好同意让女儿买。但是自此之后，芝仪不只鞋子要买名牌，连衣服和包包也都坚持买名牌，妈妈虽然不希望女儿如此拜金，但是芝仪并没有央求妈妈花钱买，她都是靠自己努力省吃俭用，所以妈妈也不知道该如何阻止她。

由于妈妈给小孩的零用钱并不多，所以女儿为了早日买到想要的东西，会刻意不吃早餐省下早餐钱；或是不搭公交车改以走路省下交通费，妈妈担心芝仪不按时吃饭会影响健康，但又不想直接满足女儿的物质欲望而买鞋子，身为母亲，她实在不知道该如何是好。

品味不需要靠名牌撑腰

什么是名牌？名牌代表了知名度和美好的形象。虽然名牌并无绝对的定义，但普遍认为名牌的基本要素包括：极高的知名度和荣誉度、引领潮流、市场占有率高、品质优良等；同时，消费者对它有信任感、安全感和荣誉感。

美国最具权威的经济周刊《金融世界》（*Financial World*）每年都公布世界各大名牌价值的排名，大家熟悉的可口可乐、微软或耐克（Nike）等世界名牌皆榜上有名，其市场价值均在五百亿美元以上。联合国工业计划署的调查表明，名牌在所有产品的品牌中所占比例不足3%，但名牌商品的市场占有率却高达40%以上，销售额占一半左右，可谓一种市场垄断现象。

而名牌可以垄断市场的最大原因是深受大众喜爱，而且其品牌的客户不仅局限于金字塔顶端的消费者，连儿童或青少年亦为之疯狂，其中包含名牌文具、衣物、计算机、手机等。

调查发现，时下青少年追求名牌有几个主要原因：其一，观念的改变，年轻族群关于"量入为出"的概念似乎越来越淡薄，在"我靠自己的努力获取，有什么不可以？"的观念挂帅下，追求潮流有了正当理由。

其次，现代的学生普遍希望自己的衣着打扮能获得同侪的肯定和尊重，所以不少学生更会为了融入朋友圈子而改变装扮，因为外表可以为自己建立形象，避免给别人老套或不协调的印象，从而结识更多朋友。

深究拥护名牌的主要原因就是缺乏自我认同，所以才需要名牌加值。若是问孩子为何喜欢名牌，有些人会强调名牌的质量非凡，试图以坚固耐用的论点合理化买名牌的行为。然而实际观察消费行径，我们会发现对于爱用名牌的青少年而言，质量其实不是最主要的因素，只要logo够明显，不实用的吊饰或材质普通的商品同样可以热卖。

家长不妨协助孩子反求诸己、自我充实，让孩子塑造从内而外散发出来的气质，这才是历久不衰的独特品位。以下即提供几项提升孩子自我价值的做法：

1.教育正确的购买心态

父母应让孩子思考买昂贵物品的原因和心态，使其想想有没有必要屈从消费主义。冷却孩子冲动购物，或为了迎合他人而购物。

之前曾有新闻指出，现今的小学生普遍恐惧"便服日"，但便服日一开始的出发点是给予孩子适当的自由发挥，不要拘束于传统制服的观念，而之后却演变成了孩子与他人比较衣着华贵与否的压力来源，其根本原因在于学生欲打造自己的形象来获得同侪尊重。

事实上，求学阶段的孩子尚无工作赚钱的能力，除非家长特意纵容孩子享受物质生活，大多数的孩子需要缩衣节食才能买得起名牌，故家长应让孩子反思这么做有没有必要？自己是不是真正需要？以下即提供几个问题让孩子思考，别让自己变得为买而买。

（1）**你为什么要买**："我觉得很好看。""我喜欢那个logo。""我需要这样东西，因为……"当孩子想买某样东西时，应该说服的是自己而不是父母，认清自己是出于需求还是欲望，就不会轻易沉沦于物质引诱。

（2）**有没有更划算的选择**：家长不需要强逼孩子买根本不喜欢的物品，但可以陪孩子找出替代方案，或退而求其次的选择，例如，孩子想买最新款的手机，但价格过于昂贵，是否有其他款式类似、功能差不多，但较为平价的选择呢？让儿女试着多方考量，选购真正符合需求的物品。

（3）**值得吗**：孩子选择放弃生活质量，省吃俭用以追求物质的做法是否有价值？为了买名牌，不惜牺牲自己的健康或是做出失衡的财务分配，都是有欠思量且不成熟的做法，身为家长更应提醒孩子踏实生活、量力而为。

2.比买名牌更值得的花费

很多孩子会说："我不偷不抢，靠我自己省吃俭用的钱，拿去买名牌有何不可？"其实真的没有不对，家长无须与孩子争执拜金行为的对错，但可于平时陪孩子做一些比买名牌更有意义和价值的事情，改变其价值观，同时使儿女了解获得尊敬、友谊和满足感其实有很多方法可以达成。举例如下：

（1）**捐款行善**：父母给孩子零用钱，是为了训练他们做适当的规划，进而善用钱财。但孩子拿到钱的第一个想法，通常是满足自己的物质愿望；此时，父母不妨告诉孩子金钱除了可以买东西之外，其实还能捐款做善事并帮助别人，教孩子捐出部分零用钱培养孩子的善心，也可以让心灵得到满足。

（2）**增长见闻**：买一本书、看一场电影、欣赏展览或是进行一次旅行都需要花钱，虽然未必有实质物品的获得，但是从中汲取的生活体验却比名牌更加珍贵。

（3）**内在的富有**：当孩子为了买名牌而必须省吃俭用时，身心都是贫乏的，亦不会感到快乐；当昂贵物品到手后，也许会有短暂的快乐，但是很快就会再换一批新潮流，孩子也会因追逐另一样名牌物品而永远不知足。所以，教孩子简单生活，随时充满感激，珍惜自己拥有的才能知足常乐。

3.找到自我定位而不是花钱买品位

小时候，父母教孩子节俭时，总不忘说："赚钱不易，所以要勤俭。"结果，有些学生领悟不到这句话的真意，反而在学生时代拼命打工赚钱，以求物质享受。

家长强调金钱的重要性时，应同时让孩子认识更多用钱财无法换取的经验和自我认同，如此才不会养成儿女的拜金性格。例如，课业优秀的学生，会在成绩方面肯定自己，以此类推，协助孩子发挥善心、热心助人、展现毅力等都可以帮小孩找到自己的定位，肯定并认同自我，而不需要以金钱包装出一个美丽的假象。

换句话说，尽情释放每个孩子的正向人格特质，就能让孩子找到人生的意义和价值，当然也能获得他人的尊重和心灵的富足。

"说"的亲子练习题

晓瑛看到同学背了某个牌子的包包，心里也很想买一个，但是价格比一般的包包贵许多，当她要求妈妈买给她的时候，家长该如何回应呢？

NG行为

"花钱都不考虑父母赚钱的辛苦！"孩子只是单纯想要，不会想到买东西和父母工作辛苦的关联性，如果家长以此责备，反而会使女儿觉得委屈，而且孩子也无法确实了解钱该如何正面使用。

高EQ回答

"你已经有包包可以背了，为什么还需要买呢？而且你想买的包包很贵，为什么你这么想要呢？"家长可以平心静气地丢出问句，让孩子思考购买物品的必要性。

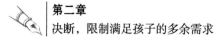
"决断"练习：
饮食教育，抢救崩坏的餐桌。

对食物弃如敝屣

——练习珍惜食材不浪费

　　十岁的镇辰是个挑食的孩子，要他好好吃顿饭简直像是要他的命，这个不吃，那个也不吃，蔬菜水果几乎都是他的拒绝往来户，只有炸鸡、薯条和可乐之类的快餐和零食才能引起他的食欲，挑三拣四的态度让爸妈一个头两个大。

　　镇辰小时候，妈妈就经常追着他喂他吃饭，怕儿子营养不均衡会影响健康和发育，但镇辰却毫不在乎。爸妈总是忍不住唠叨："我们以前家里穷，有的吃就很开心了，哪像你身在福中不知福。"

　　"我不吃！我不吃！"镇辰嘴上依然挂着这句口头禅。

　　"乖乖把这碗饭吃光，吃完就给你一个布丁。"

妈妈无计可施的时候，只好以威逼利诱的方式逼儿子就范；看在布丁的分儿上，镇辰便囫囵吞枣地匆匆吃下去，不仅一点也品不出菜香，反而养大了他吃零食的胃口，如果没有饭后"奖励"，他就不肯好好吃饭。而且妈妈如果没有紧迫盯人，看着他把晚餐吃完，镇辰就会趁他们不注意时，把食物倒进垃圾桶。

　　镇辰和班上同学一样都是在学校吃营养午餐，但他倒掉的食物总比吃下肚子的多，厨余桶里，有他只吃了两口就丢掉的鸡肉、原封不动的蔬果和汤，还有一整碗的白饭。由于镇辰吃得很少，午休过后没多久肚子就饿得咕噜咕噜叫，于是，他便会去商店买鸡块等零食来吃。

　　一年之后，学校的健康检查显示镇辰有脂肪肝倾向，爸妈听了都感到很惊讶，赶紧带他到医院做详细检查。

　　医生对父母说："初步诊断，发现镇辰的确有脂肪肝。"

　　"什么是脂肪肝？严重吗？我们家镇辰是不是生病了？"妈妈担心地问医生。

　　"脂肪肝主要是饮食太油腻，导致肝脏难以代谢脂肪，于是囤积在内脏。"

　　"怎么可能！镇辰他平常很挑食，又那么瘦，吃都吃不多，怎么会吃太油？"

　　"不只是太油的食物，像蛋糕、糖果和饮料等甜食，吃到肚子里也会转换成脂肪储存在体内；即使外表纤瘦，体内仍可能有脂肪过量的危机。但如果平时注重天然饮食，定时运动，就不需要太担心。"医生耐心地讲解并给予父母专业建议。

医生一席话仿佛一语惊醒梦中人，妈妈这才想到自己平时常以零食饮料哄孩子吃饭，结果反而导致镇辰的健康受损。现在必须好好重建儿子的饮食教育，让他不再挑拣食物，并养成不浪费的好习惯。

饮食教育刻不容缓

食物原本是为了提供人体的能量，以维持身体健康，但台湾近年来不断爆发食物风波，包含瘦肉精、塑化剂、添加物和油品安全等，很多人这才发现平时常吃的食物其实是毒物。

食物引发的健康、环境思考早已是世界趋势，英国著名的厨师杰米·奥利弗（Jamie Oliver）就曾感叹现代的孩子只知道吃汉堡、薯条要蘸番茄酱，却连马铃薯和西红柿都无法区分，亚洲国家如日本也发现大多数的小学生讨厌吃蔬菜，且偏好肉食和油炸食物，导致营养不均衡，儿童患糖尿病、高血脂的比例成倍增加。故日本思考其严重性后，发展出完整的"食育"，让饮食教育从小开始。

日本公布的"食育基本法"，宣示食育已成为全民运动，并要求学校加入饮食教育课程，让孩子从小学会自我管理饮食生活的能力。《食育白皮书》更揭示："食育不仅是营养指南，还包括所有与饮食相关的文化、知识、生活习惯和饮食安全。"

推动食育的确改变了日本学童对食物的态度和习惯，经过多年推广，日本孩童不吃早餐的比例降低，学校午餐采用在地食材的比例提高，孩子和农民的交流也逐步增加。其交流包含种植、摘取、清洗和烹煮的体验，帮助孩子完整了解食材从种植到端上餐桌的过程，最大的收获是每个孩子都变得喜欢吃青菜、懂得珍惜食物。

饮食习惯与日本相似的中国台湾，也逐渐有同样的觉醒。有越来越多的学校开设农事课程；有的重辟荒地，或跟邻近农民承租田地，让孩子踩在泥土上，享受亲手耕作的初体验，同时也通过无农药、不施肥的自然农法，慢慢导正学生的饮食观念。

农耕，始终是贯彻教育哲学的重要环节，农事课程也为食育做了最完整的示范。

故宜兰县冬山乡慈心华德福中小学所有的饮食学习从接触和体验开始，进而强调人与土地的关系。

幼儿园到小学二年级的学生要上"散步课"，走在田埂和乡间小路，让孩子认识周遭自然环境，触摸野花野草，跟农夫聊天，将大自然的模样烙在心中。

小学三年级则有"农耕课"。孩子要拿起锄头翻土整地、混牛粪和播种，农耕课老师借此培养孩子"要流汗付出，才有收成"的意志力。四、五、六年级则有"园艺课"，让每班认养部分花圃，负责细心照顾，延续三年级的农耕精神。

七、八、九年级开始种稻，全体学生卷起裤管，在租来的水田里赤脚体验"脚踏实地"地插秧；收成后，进一步体验晒米、碾米的过程；最后亲手设计布袋，并且包装、贩卖自己种出来的米。

学校的营养午餐更和农耕课精神一脉相承。不仅将有机食材入菜，更坚持不用油炸、勾芡，不用加工食品和冷冻食材，用新鲜食材让学生感受健康午餐的天然美味。师生于饭前还会唱"谢饭歌"，感谢太阳、感谢大地万物，感谢煮饭阿姨，感谢大家，用感恩珍惜的心面对食物。

虽然农耕计划碍于环境因素而无法在每个学校落实，但未必要直接去种田才能学"食育"。没有土地的都会学校，可以到乡村、田园学校进行城乡交流，还可以通过各种设计和巧思，从日常生活的各个方面，对孩子传达"食"不仅仅是吃饱而已。

推动食育的路上，不能只靠学校，父母也必须具备更多饮食知识和更多自觉性，和孩子共同学习。在每天生活中，家庭可以从三个方面展开食育计划。

1.打造亲子厨房让孩子认识天然食物

家人共同下厨是一种生活情趣，也是教育机会。父母如果希望孩子拒绝黑心食品和不健康的食品添加物，不妨买来市售的草莓牛奶和橙汁，让孩子先看标示，询问孩子草莓牛奶和果汁应该有什么成分和内容，再请儿女细闻其味道并喝喝看；然后带着孩子用新鲜水果和牛奶制作草莓牛奶、凤梨果冻或纯果汁，请孩子亲自品尝前后两者的不同，即真、假食物的差别。许多孩子认识的蔬果味道，都是"化学"和"添加物"的味道，教其分辨味道的真相，有助于孩子选择健康的食物。

2.食材零浪费

很多家庭都有孩子偏食、挑食和吃不完正餐的困扰，建议大家别逼孩子吃饭，更不要追着孩子跑半天，只为了喂他一口饭，孩子无法领略食材的营养和美味，逼迫只会使他们更加排斥。

教孩子尊重食物不浪费的方式很简单，就是只给正餐不给零食。家长应坚定地告诉孩子："正餐煮什么就要吃什么，不吃那就等到下一餐。"

如果孩子碗里的饭没有吃干净，不要告诉孩子以后会"嫁、娶麻子"，因为这并不能使他们真正了解浪费的后果。请告诉孩子，任意丢弃食材不仅不尊重辛苦种植的农民和丰沃的土地，也会加重环境污染；很多没吃完倒掉的厨余，其中的油、盐、水分会降低焚化炉的温度，冒出的黑烟进而会危害空气质量。

此外，家人应互相提醒家中成员注意冰箱中有没有快过期的果酱、没喝完的饮料还有放到坏掉的水果，冷冻库里是否有很久以前买的食物被忽略。据统计，台湾家庭的冰箱中，平均有三成的食物被丢掉，且全台湾一年约有三百亿元的食物被浪费掉。

惊人的数据让人领会到台湾人浪费的实力，由此可见，饮食教育不能等，教下一代爱护环境、珍惜饮食，应从家庭开始做起。

3.好食物的力量

近来在各方人士的努力下，台湾各地出现许多农夫市集，贩售纯天然无农药的蔬果，这是农友骄傲呈现他们爱护土地的成果。

　　父母不妨带孩子去认识、接触这些农友，听他们讲述食物的故事，把营养和爱惜土地的健康作物买回家，或是在网络上的虚拟市集找到更多农友、土地的故事，购买当季新鲜蔬食。

　　家长也可以利用一些新闻时事，如种植香蕉的农夫因产量过剩，价格创新低，导致血本无归，此时可能有企业家认购香蕉送给员工，或是有人会发起帮助农民的活动，号召大家购买，而众人买的已经不是香蕉这个产品，而是为了支持那位种植香蕉的农友。因此，为人父母的你，也可以带孩子加入这场用消费改变环境的运动，身体力行地让孩子对这片土地有更多感悟和触动。

"说"的亲子练习题

玲玲吃东西有个坏习惯，不论吃什么食物都喜欢留一两口不吃完，连汤和茶水也喜欢留一点不全部喝完，爸妈想纠正女儿的行为，该如何表达呢？

NG行为

"饭菜不吃干净，以后嫁给麻子脸！"孩子听到这类的话，只会觉得大人在说谎，无法意识到自己的浪费行为。

高EQ回答

"食物经过农夫辛苦种植和大地的培育，得来不易，所以把食物剩下来是很浪费的行为。你如果吃不完，下次可以少拿一点。"告诉孩子食物的来由，并清楚说明其行为不可取，提供解决方法，避免不必要的浪费。

> **"决断"练习：**
> 互相体谅，化解手足之间的心结。

本是同根生却不友爱

——练习同在屋檐下的相亲相爱

　　哥哥阿翔和弟弟皓皓是一对亲兄弟，但他们的相处却非常不和睦，总是为了芝麻绿豆大的小事吵架，最让妈妈困扰的是，两人时常争先恐后地到她面前说对方的不是，彼此互不相让。

　　"妈妈！皓皓去房间乱拿我的玩具！"阿翔跑到厨房向妈妈告状。

　　"皓皓！为什么乱拿哥哥的东西？"妈妈一边煮饭，一边问小儿子。

　　"是哥哥太小气，都不借我玩！"皓皓为自己辩解。

　　"明明是你偷拿！"阿翔很生气。

　　"我没有！我只是借一下。"皓皓不服气。

　　"你有！"

"我没有！"

"你有！"

"好了！不要吵了！"妈妈放下锅铲，大声地喝止两人。

"你，跟哥哥道歉，以后不可以没经过哥哥同意就拿他的东西。"妈妈指着皓皓，严肃地斥责他，并转头对阿翔说："妈妈不是和你说过，玩具要一起玩，要懂得与他人分享，而且你是老大，要多让着小的才对。"

兄弟俩看到妈妈动怒，都不敢再继续说下去。但私底下二人仍经常针锋相对，皓皓的脾气属于来去匆匆型，虽然与哥哥容易一言不合就吵起来，但平时总爱跟在阿翔的屁股后面打转，喜欢和哥哥玩在一起；阿翔原本也很喜欢和弟弟一起玩积木和机器人，可是皓皓常把他的玩具弄坏，于是阿翔便不敢再借他。而且阿翔每次对妈妈抱怨皓皓破坏他的东西，妈妈只会怪他不够友爱，要求他多让着弟弟、原谅弟弟，这让阿翔觉得很不公平。

有一天，爸爸买了一包巧克力回家，他拿给阿翔说："这个给你和弟弟一起吃。"

皓皓一看到巧克力，眼睛立刻亮起来，便开心地跑过来。阿翔把包装拆开后，给弟弟一颗，再给自己一颗，平分里面的巧克力，分到最后，兄弟俩各有三颗巧克力，袋子里还剩一颗巧克力不够均分。

"给我给我！我想要。"皓皓率先出声。

"为什么要给你？我也想要啊！"阿翔也不甘示弱地争取。但他知道自己独占这一颗巧克力也不公平，所以他决定把多出来的巧克力给爸爸吃。

爸爸坐在沙发上看新闻，漫不经心地说："爸爸不喜欢吃巧克力，给弟弟吃吧！"

"为什么是给弟弟不给我？"阿翔觉得爸爸偏心。

"弟弟还小就让让他，不过是一颗糖。"爸爸要求阿翔礼让。

"哼！快拿来！"皓皓对哥哥扮了个鬼脸，并比出胜利的手势。

"我讨厌弟弟！"阿翔丢下这句话和巧克力，就跑回房间把自己锁起来。

阿翔讨厌自己身为哥哥就要凡事退让，而且如果没有弟弟，他就可以得到爸妈全部的爱了。种种原因都让他无法喜欢皓皓，所以自从这天起，阿翔对弟弟的态度变得很冷淡，他不愿意和皓皓玩，也不会主动和他讲话。爸妈看到兄弟俩的关系降至冰点，也不知道该从何化解。

好情绪让手足和睦相处

除了亲子关系外，手足关系对孩子的影响也很深远，所以父母必须重视兄弟姐妹之间的情感经营。

手足会发生争执通常是出于嫉妒、打小报告、嘲笑、欺负、肢体冲突、抢夺和哭闹等。这时候，父母不用急着当法官，去审判孩子们的错误，如果儿女每次发生冲突大人都加以干涉，日后一旦有任何不睦，孩子就会争相向爸妈告状，且凡事都要家长做主，那么家长不仅会觉得很烦，孩子也难以静下来思考反省自己的行为。最重要的是父母未必能做到铁面无私。若大人的决定造成其中一方的不平衡，双方的冲突便会因此加剧。

因此孩子吵架时，先不要责怪孩子，因为父母的自我检视才是首要工作，尤其是孩子觉得大人偏心，出现不平衡的心态时，父母应该细想自己与不同孩子的互动情形，是不是真的花较多心力留意弟、妹而忽略了老大，让他有不被重视或不受关怀的感觉。

希望孩子做到兄友弟恭，一定要让双方真心交往，如果一方是被迫退让，就容易产生争执。所以，手足之间发生冲突时，父母要保持中立，并注意遣词用语，对事不对人。例如，告诉孩子："乱打'人'是错误的行为。"而不要对他说："打'弟弟'是错误行为。"以免让孩子觉得自己是因为弟弟妹妹受到责骂，对弟弟妹妹产生更多负面情绪；此外，可以教哥哥友爱，但不能因为弟弟还小，就凡事要忍让弟弟，这会使哥哥心生怨恨，反而使兄弟感情不好。

多制造一些机会让老大帮忙照顾弟、妹，与父母共同参与手足的成长，会让他感觉到自己的重要性；同时，主动安排与老大单独相处的时间，使其觉得父母还是很爱他、在乎他的，不会因为弟、妹而改变。

除了妒忌对方之外，手足之间还有不少起争执的原因，建议家长们先试着让事情单纯化，帮助孩子自省，这样才容易化解纷争，才是确实解决问题之道。以下有几个建议供父母们参考：

1.父母担任灭火器，帮冲突降温

争吵现场必定火药味十足，双方也吵得脸红脖子粗，大人看到这样的场面，很容易被气氛激怒，甚至也一起加入战局，但太过情绪化的争执，无法让彼此看到问题的症结，也会使孩子感到忿忿不平。大人在孩子吵得激烈时，可先冷处理，将孩子们的火爆场面控制住，降下彼此的火气，冷静下来后，儿女才能开始思考。以下几种方式可以协助孩子降下怒火：

（1）要求两人到各自房间，让两人无法继续争辩，并静下来想清楚。

（2）拿走引起争执的物品，如被弄坏的玩具或糖果。

（3）父母可暂时离开现场待在暗处观察，因为有时候孩子们争吵是吵给爸妈看的，好让大人可以替自己出头。

2.引导孩子解决问题

许多父母习惯当法官，听儿女述说吵架的发生经过后，再判决谁对谁错。但是，若大人并没有当场观察，实在很难从孩子的说明中做出最公正的判定，何况孩子的年龄差距、个性、处理问题的方式等都不尽相同，所以家长很难做出令双方都满意的判决。

家长可以私下单独了解孩子生气的原因、心情及感觉，也坦承你对他们吵架有何感受，孩子会信赖大人的话，并渴望父母协助他们和好如初。如果发生争执的双方都在场，则容易你一言我一语地再度引起纠纷，谁都不愿先低头。

试着去理解孩子，让孩子感觉你能体谅他生气的原因，但也要告诉子女，愤怒无法解决问题，找出化解方式远比吵架实际。

大人不妨分享小时候的吵架经验，运用自己的经历和故事，适时进行机会教育，而不只是教训孩子。利用下列方式，引导孩子解除手足的冲突：

（1）**认真倾听**：吵架多是各讲各的，听不进彼此的声音的冲动行为，故应提醒孩子多听听对方怎么说。

（2）**说出你的感觉**：尽量将抱怨导向具有建设性的讨论，避免埋怨"他不把玩具借给我，真讨厌！"而改说"我如果告诉哥哥我会小心不把他的玩具弄坏，也许他愿意借给我。"

（3）**寻找折中之道**：生活中的小摩擦出现时，应花些心思找出双方都能接受的方法，以免演变成冲突。如猜拳决定最后一颗巧克力要给谁、共同制定规范，轮流使用爸妈给买的玩具等。

3.学习包容并谅解

教孩子处理他们之间的不愉快，最重要的原则是尊重他人的态度，如果不能尊重对方的想法和做法，日后同样会有相似的冲突发生。可在平时让孩子们多感受有兄弟姐妹的好处、教孩子记住彼此的好，如妹妹生病时，请姐姐提醒她要多喝水、多休息，或是让弟弟常与哥哥分享玩具和零食等，在这之中培养情感，碰到针锋相对的时刻，就较容易调整为理性相对；而父母只当孩子之间的润滑剂，不做判定的法官，如此一来，孩子间的争吵多能在包容和谅解之下有圆满的结局。

"说"的亲子练习题

哲维的姐姐很喜欢和小自己两岁的弟弟做比较，经常埋怨爸妈以前没有买这么多玩具给自己，她不仅讨厌弟弟，还经常趁大人不注意的时候偷捏或偷打弟弟，弟弟也总是哭着来告状。爸妈该怎么处理两姐弟的不睦呢？

NG行为

"身为姐姐怎么可以老是欺负弟弟！真是坏姐姐！"越是处罚或责备孩子，她越会觉得这是弟弟导致的，因而更加厌恶弟弟。

高EQ回答

私底下告诉姐姐："打人是不对的行为，而且我们很爱你和弟弟，看到你们经常吵架让我们感觉很难过，告诉我，你为什么讨厌弟弟呢？"家长纠正孩子时，最好在私下进行，避免弟弟在一旁加油添醋。此外，除了直言孩子的错误，若能坦承说出自己的心情，也会让儿女更懂得反省。

别一心想搞定孩子

——练习搞懂不同孩子的需求

　　小芸和小可都是妈妈的宝贝女儿，两姐妹的年龄相差七岁，所以当姐姐小芸开始上学时，小可仍在牙牙学语。妈妈虽然很爱两个孩子，但她自认是严厉的母亲，对于孩子的学习自有一套规定。

　　大女儿小芸是相当顺从的孩子，自她六岁开始，就听从妈妈的指示开始学习弹钢琴，并且每天苦练两小时；就读小学后，妈妈的规范越来越多，除了维持每天的钢琴练习之外，每一个科目成绩都要达到九十五分以上，而且无论何时都不可以看电视和玩在线游戏，不能去西门町，也不准到电影院、网吧、咖啡店等场所。根据妈妈的说法，学习音乐可以培养气质，而电视和电脑则会让头脑变笨，那些娱乐场所也只有坏孩子才会去。

一向逆来顺受的小芸丝毫不抗拒妈妈对她的安排，因为她对自己的要求很高，自诩为完美主义者，所以她一直很努力地达到妈妈的高标准，成为家长眼中优秀的模范生。

　　小可长大后，妈妈比照对待小芸的标准要求小女儿，在小可六岁时，带她去学大提琴，并要求她每天练习两小时。但是小可是好动的女孩，只喜欢打球、溜冰玩得一身汗，所以不出三天，小可直截了当地对妈妈说："我不喜欢学大提琴，我想和朋友去上舞蹈课。"

　　"不行！你一定要学！"妈妈心中认为小可和小芸都要各学一种乐器，培养音乐素养。

　　妈妈的态度相当坚持，小可拗不过妈妈，只好勉强继续学，但她根本无心上课，也不愿天天练琴，即使妈妈执意要她拉奏，小可也只是荒腔走板地敷衍一番。上小学后，妈妈搬出一样的规范约束小可，但小可却一口回绝。

　　"为什么我不能和朋友去西门町逛街看电影？"

　　"因为那是坏孩子去的场所！"

　　"那只是电影院，不是什么坏场所。"

　　"看电影和逛街都很浪费时间，导致你不能好好练琴，也没空练习算术和阅读，所以你不准去。"

　　"那么我宁愿当坏孩子，也不想当你的孩子！"小可不吵也不闹，冷漠地说出这句话，却像一把利刃，冷不防地刺入妈妈的内心。

　　小可说的话，一直在妈妈的脑中回荡，她觉得自己对孩子的限制都是为了使女儿们成为出类拔萃的人才，为什么小芸做得到，小可却如此不懂她的良苦用心呢？

相同规范束缚不了每个孩子

很多父母为了孩子好，会设立许多规则要求孩子遵守，但是这些规则并不适用于每个孩子，故须配合孩子的年龄、性格、兴趣与实际境况调整。也就是说，父母无须改变任何基本原则，但应依据孩子的个人特质，对这些规范做修正。

制定标准要求孩子，应该视要求的事项而定，日常规约当然是任何年龄层的孩子都需遵守的规范，但仍然可依照孩子的成熟度和自律能力给予不同约束。以完成每日作业来说，例如，大女儿总是按时做完功课、不必大人叮咛敦促，但小女儿总写不完每天的家庭作业；相形之下，妹妹比较需要父母监督。如果父母花较多时间盯妹妹做功课，对姐姐则较为宽松，这也是合理的做法，父母理当在这方面给予她们不同的待遇。

家长无须低估子女的理解力，担心小孩没办法了解差别对待的原因，或觉得父母不够一视同仁。小孩约在六七岁时慢慢懂事，比较关切的是"公平"，而不是绝对的平等。他们能够了解，为了做到公平，有时候也需要有差别待遇，即使孩子当下不能理解，大人也应该详细说明解释，例如："因为你常常写不完功课，所以妈妈对你比较严格，希望你能按时写完。"

当父母勉强孩子依照某种既定的模式发展时，有的孩子遵循父母的计划，有的孩子却没这么做，家长应了解到没有按照规定去做的孩子本身并没有错，重要的是这个与众不同的小孩应该被允许追求自己的兴趣；不仅如此，也应该与其他手足一样，获得父母充分的支持。父母不可以为了达成自己的意愿而忽略孩子的内心，如坚持要孩子学大提琴，而使其放弃真正喜欢的舞蹈，更不该单单因为这个孩子具有不同的才华与嗜好，便对他比较冷淡。

家中若有两个以上的儿女，父母没有理由以完全相同的方式对待所有子女，俗话说"一样米养百样人"，一样的父母当然也会教育出个性、特质、兴趣都截然不同的孩子。举例来说，音乐几乎是父母们认可的良好才艺，而且练习任何乐器，也应从小就开始，但年幼的孩子对于这类课程还没有概念，不懂得自我需求是什么，所以家长要他去学，儿女便顺从不反抗；但是，当孩子认知到自己喜欢什么、厌恶什么的时候，有的孩子愿意苦练，有些则不然。而家长的职责，应该是发掘出孩子的天赋，发挥其特长，并非一个口令一个动作地要求儿女。

在学校教育中，不同的孩子在相同的学校环境中也可能会有不一样的发展。有些孩子需要课程规划明确、作息井然有序的学校环境，另一些孩子则需要比较自由放松的学习环境；有些孩子比较适合注重运动体育的学校，有些则在不特意强调竞争性运动的学校中表现较好。无论师长或家长都该依据孩子的气质，给予不同的要求和规范，下面提出三个常见的类型以供参考。

1.外向好动不听使唤

活动量大的孩子静不下来，内在较缺乏结构和限制，他们的行为常常比较冲动，不考虑后果。父母应给孩子具体简明的规范，让孩子清楚知道什么行为是可以被接受的，什么是不被允许的。

拥有这种气质的孩子，尽量少带他去需要安静及会限制他行动的地方，像音乐会、画展、气氛优雅的餐厅等，以免增加孩子的挫折感；父母需提供更多发泄精力的机会，如运动、旅行，让孩子获得充分活动的满足感，试着和孩子约法三章，让孩子逐步完成你希望他做完的功课、家务等，在此过程中随时给孩子鼓励和提醒，并且视孩子的状况给予奖赏。

让孩子列出每天要做的事项清单，其中可能包含打一小时的篮球、练习吹笛子、做数学作业和唐诗背诵等，活泼的孩子比较难静下来完成作业和背诵，家长可于一项完成后，给孩子喘息空间，让他喝一杯果汁或吃点水果作为奖励，再继续完成下一个事项。

2.自我意识强烈

坚持度高的孩子很有主见，总爱与父母和老师唱反调，不愿意顺从。爸妈如果常把"不可以！""不行！""不准！"挂在嘴边束缚儿女，会激起孩子激烈反抗的斗志。

若孩子的意志强烈、不易屈服时，通常会直说"我不

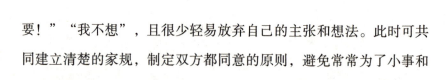

要！""我不想"，且很少轻易放弃自己的主张和想法。此时可共同建立清楚的家规，制定双方都同意的原则，避免常常为了小事和孩子僵持不下，争论不休。

此外，在课业方面，坚持度高的孩子被管教时，常不愿低头，也没有表现出自责和后悔的样子，但这不代表他没有感觉到自己做得不对。孩子做错事时，自己也会感觉很不好受，有的孩子只是自尊心较强，不愿在权威面前低头。所以父母还是要保持"温和而坚定"的态度，就事论事，不要在孩子的态度上大做文章，也不要人身攻击或羞辱孩子，或是说"我不再喜欢你了！"来威胁或挑战孩子的自尊，以免使孩子丧失对家长的信任。

可以在孩子心情不错时，找机会告诉孩子桀骜不驯的态度会激怒父母，让人感觉不悦；并让孩子知道父母的用心是为了他好，不是在用权威压制他。

3.态度情绪化

拥有这种气质的孩子，当考试不如意或碰到学习瓶颈时，会大哭大闹，用情绪操控父母。当孩子意图以情绪让家长妥协时，父母最好的态度是"温和而坚定"，不用生气也不必大吼大叫，保持心平气和的态度，语气缓和，但要坚守原则。例如，轻声说"哭吼对我没有用，你还是必须完成学校的每日作业"。当孩子看到父母不为所动的态度，就知道已经踢到铁板了，再哭闹也没有用。遇到常以哭闹达到目的的孩子，最忌讳与其硬碰硬，因为这么做往往带来两败俱伤的结果，放下互斗互争的情绪话字眼，亲子的原则和需求才能真正被听见。

"说"的亲子练习题

妈妈将乔乔和小雨这对姐妹一起送去学钢琴，乔乔对钢琴很有兴趣，虽然也曾觉得练琴很痛苦，但她愿意坚持下去；小雨则是意兴阑珊，她表示自己不愿继续学钢琴。妈妈该如何回应呢？

NG行为

"不行！我是为你们好才让你们学，所以无论如何不许放弃！"强迫两个孩子按照一样的规范学习，无法同时启发两人的兴趣，因此孩子达不到适性发展。

高EQ回答

"如果你对钢琴真的没有兴趣，那么上完这一期的课程后，可以先暂停钢琴课，但妈妈希望你可以找到兴趣所在，并尽情发展。"不强迫孩子在没兴趣的领域学习，但另一方面鼓励孩子找到其他爱好。

教养EQ检测~
您的教育方式，孩子埋单吗？

　　孩子EQ的高低，取决于父母的教养模式！然而，针对子女教育，天下父母皆有一套自己的做法。究竟，爸妈们的教养观念是否正确？孩子是否埋单？请针对下列问题依序作答，并对照其所属类型！

1.教养孩子时，除了提供良好的教育与师资，也会重视每个学习环境的优良程度吗？

　　a. 无论是何种学习，都会提供最好的学习环境………请接第2题

　　b. 视孩子的学习课程而定…………………………请接第3题

　　c. 不会特别在意学习环境…………………………请接第4题

2. 当孩子将玩具拆开分解时，您会有何反应？

　　a. 耐心地陪孩子一起组装，恢复成原来模样…………请接第3题

　　b. 视当时心情而定…………………………………请接第4题

　　c. 对孩子破口大骂…………………………………请接第5题

3.当孩子学校举办活动或比赛时，您会鼓励他多参与吗？

　　a. 经常………………………………………………请接第4题

b. 偶尔…………………………………………………请接第5题

c. 不会有任何表示……………………………………请接第6题

4.当您想帮孩子报名补习却遭到他们拒绝时，您还会强迫他们参加吗？

　a. 为了孩子未来着想，还是会要求他们上课…………请接第5题

　b. 若孩子强烈表达不愿，就不会帮他报名 ……………请接第6题

　c. 只要孩子稍有反抗，就不会报名 …………………请接第7题

5.当孩子大谈自己的梦想时，您会给予支持与鼓励吗？

　a. 经常表示赞成，鼓励孩子大胆尝试…………………请接第6题

　b. 若认为孩子的梦想可行，才会表示支持……………请接第7题

　c. 完全不会，希望孩子能依照自己的设想前进………请接第8题

6.在日常生活里，会注重孩子观察力的培养吗？

　a. 经常，甚至会创造情境，以便观察…………………请接第7题

　b. 偶尔…………………………………………………请接第8题

　c. 完全不会，并认为不需要特别花时间观察…………请接第9题

7.您认为孩子富有创意与想象力吗？

　a. 是，他们的创意天马行空……………………………请接第8题

　b. 部分认同……………………………………………请接第9题

　c. 完全不是，他们总是提出不合常理的问题…………请接第10题

8. 您认为孩子的记忆力无法提升吗？

　　a. 是……………………………………请见解答C.机械型父母

　　b. 视个人情况而定……………………………请接第9题

　　c. 不是，记忆力可以通过训练提升……………请接第10题

9. 教育孩子时，会鼓励他们多加思考，寻找问题与答案吗？

　　a. 经常，会陪伴孩子但不过度干涉……请见解答A.童趣型父母

　　b. 偶尔，如果自己不忙会陪他们一起………………请接第10题

　　c. 完全不会，让孩子自己面对，不会提供意见……请接第10题

10. 您会经常陪孩子一同写作业、玩游戏吗？

　　a. 经常，会尽量与孩子一同完成………请见解答A.童趣型父母

　　b. 视情况而定，偶尔会陪孩子一起……请见解答B.模糊型父母

　　c. 完全不会………………………………请见解答C.机械型父母

解　析

A. 童趣型父母。这类型的父母了解孩子各阶段所需刺激与成长重点，因此能站在孩子的立场与其同乐，但同时也能扮演好家长的角色，适时指正，并放手让孩子面对问题、寻找答案，从中给予他们成功的体验，建立其自信心。

B. 模糊型父母。这类型的父母常会依现实状况来教养孩子，因此原则较不明确。积极培养孩子对周遭事情的好奇心与创造力，使其未来面对难题时能有坚强的意志；并且要鼓励孩子主动发现问题、找出解答，借此提升孩子人际处事的EQ能力。

C. 机械型父母。这类型的父母只会给予孩子衣食住行上的满足，并不会特别重视教养方式。建议多培养孩子各方面的兴趣，提供他们学习与接触更多事物的机会，借此使其体会创造成就感，培育其独立自主的意识。

教养EQ检测~
孩子的浪费指数有多高?

孩子在追求独立的过程中，经常会向同侪团体看齐。对青少年来说，用服装、名牌提升自我价值，以及被团体认同、接纳是很重要的事。下面我们来测试青少年使用金钱的方式：是花在刀刃上，还是拜金至上?

1.到游乐园时，孩子会先选择哪一种游乐设施?

    a. 有奖品可得的那一种。   b. 最有兴趣玩的那一种。

    c. 最多人排队的那一种。   d. 最少人排队的那一种。

2.在排队等候时，有小贩来卖零食，孩子会想买哪一种?

    a. 口香糖。b. 看其他人买什么。c. 看家长意见。d. 不止买一种。

3.从游乐场出来后，孩子希望选择一间怎样的餐厅去吃饭?

    a. 有乡土味的小吃摊。   b. 自助式的吃到饱餐厅。

    c. 卖快餐的餐厅。   d. 有异国风味的高级餐厅。

计分方式：请将三题的得分相加，并对照下述解析。

题 目	a	b	c	d
第1题	3分	2分	4分	1分
第2题	1分	3分	2分	4分
第3题	1分	4分	2分	3分

解析

A. 8~12分。 浪费指数 ★★★★★

这类型的孩子容易盲目地跟随流行，而刻意选择高档的餐厅或物品，他甚至不知道自己需要什么，认定昂贵就等于好。父母应该时常丢出疑问，协助孩子找到购买的动机和原因。

B. 4~7分。 浪费指数 ★★★

这类型的孩子虽然不一定会追求高级品，但很重视自己的欲望，并且会尽量满足自己的欲望，他想要的东西，通常会想尽办法得到。家长可适时提醒孩子要知足常乐，对任何事物都不宜太贪心。

C. 1~3分。 浪费指数 ★

这类型的孩子不会轻易利用金钱取乐自己，反而懂得分配钱财，避免不必要的浪费。家长可以从旁提供正确的理财观念，并建议孩子可运用金钱做善事或进行买书等有意义的花费。

第三章

离

离开，提供孩子承担责任的机会

　　你是穷紧张父母吗？怕孩子犯错、怕孩子学坏、怕孩子恋爱、怕孩子不能保护自己，怕东怕西的家长无法安心让孩子做决定，不断耳提面命，结果儿女凡事依赖，成为名副其实的"乖宝宝"。适时转移停留在孩子身上的视线，信任子女，才能使其学习为自己的行为负责。

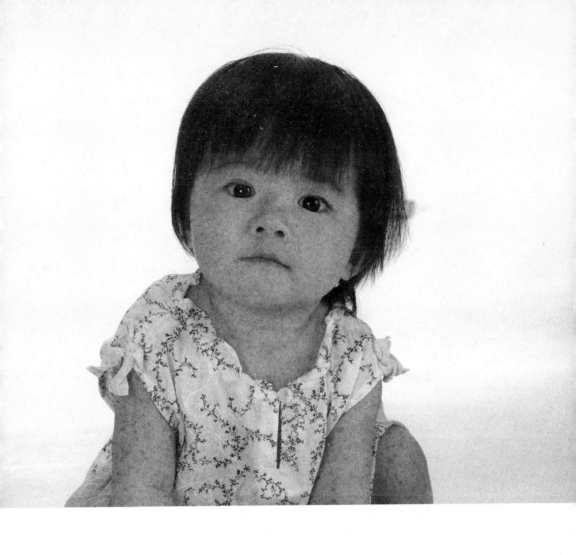

　　离，即"离开"｜孩子逐渐独立的过程中，必定会有许多问题需要解决，此时父母不要当孩子的哆啦A梦，凡事都替孩子出面，应适时给孩子面对并克服难题的机会；当孩子求助于你时，父母可培养孩子的使命感，阻绝孩子依赖的念头，这样才能使其扛起责任，勇敢为自己负责。

从容的时间教养

——练习从速度切换成态度

小天是妈妈口中的"磨人精"，妈妈从早上叫小天起床开始，就要不断催促他快点起来、快点去刷牙洗脸、快来吃早餐、快出门上学……妈妈像赶鸭子似的催赶儿子要"快！快！快！"。但小天却总是表现出事不关己的态度，做任何事都慢吞吞的。

"小天！赶快起床了！"这是妈妈每天早上对儿子说的第一句话。

小天仍抱着棉被呼呼大睡，完全不理会。

砰！砰！砰！妈妈急促地敲着儿子的房门，再次叫他："快点起床！上学要迟到了。"

"再让我睡一下下。"小天每天至少要赖床半小时。

过了一会儿，妈妈再度敲门叫小天起床，小天在床上挣扎了半天，才缓缓爬起来。他慢慢地走去刷牙，刷完牙又悠哉地吃早餐，看起来一点儿也不急，但妈妈却急坏了，不停地提醒他该出门了、上学要迟到了，甚至帮他拿鞋子、扣校服的纽扣、拎书包等。

儿子总是在家里拖到最后一秒才出门，即使儿子放学回家，妈妈仍得继续催他快去做功课、快来吃晚餐、快点去洗澡、快点去睡觉等，然而妈妈的催促听得小天耳朵快长茧，他却常常无动于衷地继续看电视、打电动或是上网。有时候妈妈喊了好几遍后，仍看到儿子动也不动地坐在原地不肯离去，也会不禁大吼："叫你快一点去洗澡，有没有听啊！"

"好啦！"小天通常会不耐烦地虚应一声，却不会立刻起身。妈妈一催再催后，他才慢条斯理地关掉电视，准备去洗澡。

妈妈觉得自己好累，要操心的事情如此多，为什么这个乌龟儿子不愿意积极点，那她就可以轻松一些，不用凡事操心。但她知道这只是一个妄想，如果她不再叫儿子起床、不提醒他把电脑关掉做功课，也不一天到晚耳提面命，那儿子肯定会安心地迟到、放心地玩在线游戏，且故意不写作业。

做事毫无效率的小天不仅在平常上学的日子让妈妈感到头痛，就算假日也不消停。有一次，他们一家三口要到大卖场买东西，到卖场之前，全家先去一家面店吃晚餐，爸妈都吃完了，小天的面却只吃了两口，还剩满满一碗不知道要吃到什么时候，于是妈妈催小天："快点吃，我们等一下还要去买东西。"

然而，儿子正拿筷子把玩，并将面条戳得烂烂的。

爸爸不耐烦地对他说："快点吃完，不然我们要把你丢在面店，自己去买东西哦！"

妈妈也接着说："你不赶快吃，晚一点肚子饿，我不管你哦！"

两人你一言我一语地轮流赶小天吃饭，但他却一口都没吃，儿子"慢郎中"的个性让爸妈都拿他没辙。

从监督到自我管理时间

很多妈妈白天上班前要叫孩子起床，催儿女赶紧吃早餐，晚上回家则要催孩子洗澡、吃饭后还要盯着孩子写作业，每天的口头禅就是"快一点"。

现在的爸妈一方面要搞定缺乏时间管理能力的孩子；一方面还要对抗无所不在的手机、电视、电玩、网络蚕食鲸吞孩子的注意力与时间。面对多重压力的父母，除了整天盯紧孩子，勤劳地唠叨、提醒外，几乎不知道该怎么办。

于是，父母提出疑问，该如何培养孩子管理时间的能力？时间管理要怎么学习？其实，除了教孩子管理时间外，家长迫切需要的是新时间教养观念。以下即详细说明忙碌的父母该如何实现有成效的时间教养。

1.不用"更快"，但要"更幸福"

《最后的演讲》一书的作者兰迪·鲍许（Randy Pausch）在他生前的一场演讲中提到："管理时间最主要的目的不是为了效率，而是为了好的结果。"

父母也应明白，孩子做好时间管理，不只是为了加快速度、提高效率，而是为了享受井然有序和丰富充实的生活。不妨告诉孩子若早点完成作业，就可以做自己想做的事情，如看故事书、玩拼图、组合模型或运动等。并且睡觉前应避免太激烈的活动。因此，让孩子做想做的事属于奖励，以引发愉快的内在动机为主，尽量避免夸大、太物质化，如承诺孩子买东西给他或玩在线游戏。

有些家长一味要求孩子做事的速度，即使效率提高了，但人生的幸福感却没有提高，往往会使孩子陷入与时间赛跑的恶性循环，久而久之孩子就会感觉疲乏而没有动机快点完成。

2.不用"速度"，但要"适度"

一直催孩子快一点，并没有办法让孩子理解究竟要多快，让儿女发觉内心真正感觉重要的事情，并学习把时间、专注力投注在这些重要的事情上，完成每日必做事务的清单，才是有效运用时间的关键。

父母应给孩子足够的自我探索和自我认识的时间，因为时间管理是为了达成目标，而目标的设定牵涉到"我是谁？""我要实现什么目标？""我要成为什么样的人？"之类的问题。

孩子在探索的过程中，如果发现有兴趣的事情，就会愿意为自己设定目标，并在自己设定的时间内努力完成；在这种状况下，自然能强化时间管理能力。例如，孩子为了增进游泳速度，不仅会勤加练习，还会积极达到心目中的标准时间。

此外，家长要给孩子时间犯错，因为在犯错过程中可以了解自己擅长什么、不擅长什么，开始会去思考怎么解决问题，也就慢慢能抓准在真实世界里完成一件事情需要的时间，包括摸索、犯错、解决问题的时间都会思考进去。

如果孩子找不到自己的目标，妈妈可以帮孩子将生活中一定要做的事拿来当做目标。

3.不用强调"时间管理"，但要懂得"自我管理"

好的时间管理，其实就是自我管理。而自我管理的能力，需要配合孩子身心发展状况、大脑发育成熟度，一步步灌输累积，无法速成。

要培养孩子的时间管理能力，最需要的就是给孩子"时间"，给他时间长大、给他时间思索、给他时间找到人生目标，如果大人接连不断地唠叨，孩子就会失去考虑的能力，父母应给予适当的陪伴与对话，并预留思考的空间和时间给孩子。

若孩子真的太会"拖"，而奖励也无法引起孩子完成事项的动机，家长则可以出选择题训练孩子思考。如"你可以选择现在把面吃完，如果吃不完，那就先打包带走，等你饿的时候再吃"或"上学快迟到了！你现在起床还来得及吃早餐，否则你可能会错过早餐时间"。家长尽量提供两到三种选择给孩子，并给他时间考虑，有些孩子会自己提出要求，父母也可衡量是否合理，不要以逼迫方式使其屈服。

还有一点要注意的是，"选择"很容易流于"威胁"，而变成"你快点吃，不吃就把你丢在这儿！"或"快点起床，不然等一下我拿棍子来"。这一类威胁会让孩子害怕，也无法进行有效思考，产生"为什么吃不下就要被丢下？""为什么想睡觉要被打？"等不悦的情绪，即使儿女就范，也只是害怕爸妈的胁迫，等他再大一点，就会对这些话感到麻木，故不宜将负面结果作为孩子的选项之一。

"说"的亲子练习题

小泽补习后回家已经是晚上九点多，妈妈希望儿子回家后可以赶快去洗澡，这样才能早点睡觉休息。但小泽回家后经常磨磨蹭蹭，有时候在客厅吃水果，一边看电视一边吃得很慢；有时候回到房间又翻起漫画，此时妈妈该如何反应呢？

NG行为

"都几点了，还不快一点去洗澡！否则拖到半夜，早上又起不来。"不停催促孩子快一点，儿女总是被时间追着跑，导致其渐渐失去自信和动力。

高EQ回答

"你太晚洗澡的话，就会晚睡，明天上学的精神也会不好。"与其催促孩子快一点，不如直接告诉孩子太晚洗澡的后果，然后让孩子思考应该怎么做才对。

家长老师不同调

——练习听听孩子怎么说

　　婉瑜是妈妈的宝贝女儿，妈妈一直觉得女儿太害羞，怕她遇到事情不懂得向老师反映，会吃亏受委屈，所以她总是当婉瑜的代言人，帮女儿发表意见。

　　"老师，教室冷气的风口对着我女儿的座位吹，她会觉得很冷，可不可以帮她换位子？"

　　老师将冷气的强度转弱，并调整扇叶，让风可以均匀吹送；然而到了冬天，天气变冷，教室也不开冷气了，妈妈又有话要说。

　　"老师，婉瑜的座位在窗户旁，外面的冷风呼呼地吹进来，我女儿很容易感冒。"

　　为了教室通风，所以窗户要保持开启，老师听了婉瑜妈妈的抱怨，只好定时轮流换位子，并让班上坐在窗户旁的同学，交替开窗户，以减少被寒风吹到的频率。但是，婉瑜妈妈的抱怨却一点也没减少。

"老师，我女儿不喜欢吃胡椒，营养午餐的菜单有一道黑胡椒牛肉烩饭可不可以改成别的？"

"身为老师，我不建议孩子们挑食，而且营养午餐是固定菜单，不应要求学校食堂更改。"老师耐心地回应家长，并希望妈妈不要纵容孩子挑食。

"每个人总是有几样不喜欢吃的食物啊！总不能逼迫小孩硬吃吧！"婉瑜的妈妈不高兴地回应。

"当天的菜单上还有炒青菜和萝卜汤，婉瑜可以选择吃其他菜，或是自行准备午餐，但餐厨无法因为她一个人就更换全校的菜单。"老师的态度也变得强硬。

老师坚决的态度让婉瑜妈妈知难而退，但是回家后，妈妈怕女儿会被老师逼着吃不喜欢的食物，所以她要女儿带着手机，老师如果逼她吃，她可以拍下照片。

当天，老师和几位同学帮忙盛饭，再淋黑胡椒牛肉酱汁，同学们都规矩地排队等候取餐，有些学生拒绝吃炒青菜，但老师规定大家如果不喜欢吃可以拿少一点，但至少要吃一些，不要完全不吃，以免辜负煮饭阿姨的心意。轮到婉瑜取餐时，她怯怯地说："我不想吃黑胡椒。"

"老师知道你不喜欢，但是多少吃一点，否则下午上课怎么会有体力？"老师边说边将一小匙黑胡椒酱淋在婉瑜的饭上。

回座位后，婉瑜立刻向隔壁的同学要回手机。原来她刚刚请别的同学帮她拍下老师要求她吃黑胡椒的照片。

婉瑜很怕吃辣，所以吃午餐时，看到碗里那一小匙的黑胡椒酱，她本来感觉很厌恶，但心想只有一小口，便勉强吃下肚，一吃才发现，其实黑胡椒并没有她想象中那么辛辣。

放学回家后，妈妈立刻查看婉瑜手机里的照片，她看到老师硬是将一匙黑胡椒酱淋在女儿的碗里，顿时感到很生气。妈妈没有问婉瑜到底发生了什么事，就二话不说地把照片上传到网络，还在网络上留言抨击老师，说老师针对她的孩子，并认定老师讨厌她的女儿，才强迫学生吃不喜欢的东西，存心要整女儿等。婉瑜的妈妈不仅一状告到校长室，要求学校给她一个交代，甚至招来媒体要社会大众评评理。

老师看了照片之后，认为自己的好意被家长曲解，现在甚至要面临社会大众的检视，社会舆论压力之大，老师一时之间也不知该如何面对家长的攻击。

为师千万难，亲师共同培养高EQ

老师以言语侮辱和体罚学生已经成为特例，不当管教不仅会引起轩然大波，还会引发媒体追逐报道。然而，老师体罚学生是看得见的危机，但更大的负面影响在于很多教师因此变得退缩、冷漠，不再负起管教责任，面对家长更是逃避、走为上策。换句话说，老师的士气低迷、不再热情，以消极的态度管教，是教育更大、更急迫的危机！

家长对孩子容易保护过度，因不甘孩子受委屈，所以凡事都要为孩子出头，甚至与老师作对。无论大人或小孩，都需要做好情绪管理，并且厘清事件的真相，而真相不能止于听单方面的意见，家长的心情需要被体谅；孩子的声音也不可忽略；老师的一言一行更不该被放大检阅，抹灭老师在教育上的良苦用心。

故事中，我们只看到师长和家长的互动，却鲜少有三方交流，结果造成家长未审先判的情形。老师家长各执己见时，应该先问问孩子的感受，大人不应代替孩子表达，以免孩子感到处境为难或是会错意。

不可否认老师的确有很多种类型，有些老师的情绪管理能力不佳，对待学生的方式会比较直接；有些老师性情温和，对学生比较有耐心，然而无论遇到哪一类型的老师，家长都可以依照以下的原则，与师长建立沟通桥梁，协助孩子健全成长。

1.无惧沟通

某些家长自认是弱势，因为孩子在老师的班级，若沟通上没有拿捏好分寸，怕老师难堪而为难孩子；有的家长则是自认倒霉或不处理。无论是害怕权威还是挑战权威的父母，都会影响老师和家长之间的关系。

家长若不敢、不想或不愿沟通，而使问题一直存在甚至衍生猜忌误会，就不能帮助孩子培养责任感。家长应主动与老师沟通，只要善用沟通技巧，问题往往可以解决。

2.沟通技巧的培养

沟通之前，要多方了解状况，不单从孩子的角度，试着多找几位家长，从其他家长和孩子的反应搜集信息；但搜集信息的过程也要谨慎处理，尚未弄清事件真相时，避免把没有求证的想法告诉不相关的人，甚至四处散播，以免造成混乱。有时家长和老师意见相左，家长一般首先听孩子的描述，认定孩子不会说谎，但孩子多少会保护自己，故其描述也未必真实完整。

3.放下刻板印象和成见

家长不要认定老师就是不喜欢自己的小孩，或是认为"自己都是对的""老师一定不对！"太多预设立场，或对老师存有偏见，都无法找出问题症结，也会让沟通失效。家长要相信"双方都是为了帮助孩子"，才能使沟通顺畅无碍。

4.先处理自己的情绪

家长要面临的一大挑战是，若老师真的有管教失当的情形，通常家长会对老师的行为感到非常愤怒、受伤反应激烈。请家长先冷静自己的情绪，再处理孩子的事情，不能理智冷静地判断之前，宁可暂缓事件，也不宜因情绪失控而模糊事件焦点，闹得不欢而散。家长若属于容易激动的个性，不妨找其他较为冷静的家长陪同或居中协调，就事论事，理性解决。

5.解决问题为优先

一般来说，家长解决与老师的纠纷的目的在于"改变老师的行为"，而不是"除掉这个老师"。

为达到目的，家长要把握"解决问题"的原则，先清楚自己的立场和价值观，知道自己坚持的是什么、可以让步到什么程度、又希望老师给予什么样的回应。坚守的原则，关乎对孩子的教育态度，故不该情绪化地意气用事。和老师初步沟通后，若得不到正面回应，发现老师情绪不佳或不愿沟通时，家长可以表示："我们是否要另找时间讨论，还是请学校的主任来处理？"

为避免家长和学校交涉挫败，父母最好寻求其他家长的支持，以免使孩子单独承受压力。若知会校方仍得不到预期回应时，可能就必须求助外力或民间机构的支持。

6.从老师的角度看事情

当家长愿意从老师的角度看事情，就可以避免只听孩子的片面之词，多角度思考理解老师的立场，从而减少老师的过度反应。老师情绪激动时，若不方便直接谈论敏感问题，至少先通过对话，跟老师建立关系，了解老师的个性。家长可以这么说："我观察到孩子最近开始有点排斥上学，不知道老师对这件事的了解情况……""老师会这样处理，一定有老师的道理，不知道老师当时看到的状况是怎么样的，老师处理这件事情的看法是什么？"

7.打破僵局

如果双方已心存芥蒂，试着从对方同意的观点切入，这样较能打破僵局。比如说："老师，我也和你一样担心孩子的状况。"或"谢谢老师让我知道这件事。"如果老师还在因孩子犯的错而生气，家长应尽量表示自己的态度跟老师一样，并把焦点带回"解决问题"的原则上，继续沟通。

"说"的亲子练习题

博宏经常向妈妈抱怨老师不喜欢他，上课的时候，常常被老师点名回答问题；如果回答不出来，就会被老师取笑，全班同学也跟着笑，他甚至透露不想上学的念头。妈妈听到儿子说的话该如何回应？

NG行为

"老师敢欺负你，妈妈一定帮你出这口气。"不能保持理智，只会让师生间的嫌隙更加严重。

高EQ回答

"也许老师不知道你不喜欢他开的玩笑，你不妨先试着告诉老师和同学，他们的话让你觉得不舒服。"鼓励孩子解决问题，并适当表达自己的感受；若情况没有改善，家长再考虑出面和老师谈谈。

胡乱称赞让孩子不辨对错

——练习做人处事有原则

　　就读小学的乔乔从小活泼又爱撒娇，是全家人捧在手心上的宝贝，为了记录她的成长，爸妈不时拿着相机或手机拍摄；加上她是父母的第一个孩子，更是"集三千宠爱于一身"。全家人对乔乔实行爱的教育，不仅从未打骂，还经常称赞乔乔可爱又聪明。

　　幼时的乔乔自从学会爬行后，就在家里到处攀爬冒险，充满好奇心的她爬到哪就破坏到哪，卫生纸摆在桌上，她就爬上去将卫生纸一张一张抽出来乱丢，妈妈并不加以阻止，反而觉得女儿很可爱，立刻拿出相机捕捉这个画面；书柜上的书和杂物经常被乔乔扫到地板上。有一次，妈妈只是去上厕所，一个不注意，乔乔爬向柜子，把柜子上的抽屉拉开，里面的零食饼干撒了一地，当妈妈看到的时候，乔乔正一屁股坐在零食堆中，一手握住巧克力棒，另一手抓了一把洋芋片，嘴巴边嚼边发出津津有味的吧唧声。吃到一半，还一脸无辜地看看愣在一旁的妈妈，不忘将饼干塞进嘴里。妈妈看到这幅景象，又好气又好笑，女儿的表情实在太天真了，妈妈舍不得责备她，还立刻掏出手机对着她说："看这边！"将这一刻拍下来后，妈妈称赞她："乔乔好棒！"

虽然爸妈不甚在意乔乔的破坏行为，但是长大后的乔乔，破坏力更惊人，简直像一匹脱缰的野马，每天都有用不完的精力，玩具被她拆解得体无完肤，乱丢在沙发上，然后她再去抢别人的玩具，不过妈妈觉得乔乔还小，所以不太在意她乱拿别人的东西，反而觉得借来玩一下没关系；家里的墙壁留下彩色笔胡乱涂鸦的痕迹，妈妈总要跟在女儿后面收拾和清理，但是妈妈非但不生气，甚至鼓励乔乔："画得好漂亮！好厉害！"

某一天，妈妈又看到乔乔拿着蜡笔乱画，这一次不只画在墙壁上，连地板也遭殃了，于是妈妈轻声说："乔乔乖，不可以哦！"

讲了几次，女儿都当做耳边风，妈妈也有点动怒了，她一把抢过女儿手上的蜡笔并丢进垃圾桶，乔乔吓了一跳，爸爸看到后，也马上过来调解。

"有话好好说，不要吓到小孩子。"爸爸立刻帮忙求情。

"你自己看！"妈妈指着被画得五颜六色的地板，不满地指控。

爸爸温柔地摸摸女儿的头说："爸爸等一下带你去买糖果，你乖乖画在纸上好不好？"

乔乔点点头，开心地改在纸上画画。

爸爸对着未消气的妈妈说："小孩子要慢慢教，生气只会让乔乔害怕你。应该多包容小孩，以鼓励代替责备。"

听了丈夫的话，妈妈也知道生气不能解决问题，但是以糖果纠正女儿的错误似乎也不妥当。虽然她一直尽量避免苛责孩子，然而前几天，她接到学校老师打来的电话，老师在电话中提到乔乔在学校的表现很活泼开朗，但却不太守规矩，同学常向老师投诉乔乔会将别人的文具占为己有，如果同学要求她归还，乔乔会觉得借用一下没关系，完全不觉得自己有错，甚至告诉同学："你把巧克力分我吃，我马上把铅笔还你！"

妈妈听到乔乔在学校的种种偏差行为，意识到自己只以称赞的方式教养女儿，却一直没有好好纠正乔乔的错误，导致女儿不辨对错、混淆是非，如今她必须尽快矫正乔乔的行为，避免女儿一错再错。

称赞孩子没那么简单

人人都喜欢听赞美的话，小孩子也不例外，而且现代的育儿观念非常推崇鼓励表扬的作用，因为大家普遍意识到，过分严厉的家长和老师会对孩子批评过多而导致小朋友失去自信心。但适度的称赞会激发孩子的主动性、帮助他们建立自信心、并且让他们觉得自己的努力是受到父母肯定的，这样孩子也会比较开朗快乐。

儿童发展学者艾克森（Erickson）认为两到七岁是发展主动进取（initiative）的重要时刻，孩子会自行制定目标并努力达到自己的期望，若未能发展完成，孩子会因质疑自己的能力而觉得羞愧，进而否定自己的能力。家长若能善用赞美的技巧，鼓励孩子尝试各种新事物，并使其靠自己的力量达成理想、完成目标，将帮助孩子拥有积极、主动的健康人格。

身为父母，总会希望自己的孩子感受到被爱、被了解、被接受和被赏识。为了达到这个目的，家长在情绪、精神、身体和物质等各方面都尽己所能地想让孩子称心如意。而且有些父母觉得说鼓励赞同的话不仅能让孩子高兴，还能使其变得更加积极，尤其孩子还小的时候，多点赞许似乎没多大害处。但其实，过度的称赞往往是害处大于益处，孩子听过多赞美的话，会形成一种心理期待，以为不管做什么事情都会得到赞赏，称赞所带来的激励作用就因此打了折扣。

更有甚者，孩子习惯了父母的称许，可能会产生依赖心态，不管做什么事情都想要先取得爸妈的奖励，或者会因为害怕失去掌声而不敢尝试具有挑战性的事情。由此可见，过度的称赞反而让孩子丧失独立机会，赞扬虽然无法量化，但是家长应谨记：称赞的质量比数量重要。

问题是，怎么做才是适度的称赞？以下提供几个方案给所有烦恼的家长参考。

1.别把称赞当作家常便饭

遵循中庸之道是称赞的原则，当孩子第一次完成某件事情，如第一次自己系鞋带、第一次学会骑脚踏车、第一次买东西学会找钱等，这些难得的经验当然值得爸妈赞扬；但是，孩子慢慢长大后，早已习惯做这些事情，这已变成生活的一部分，若长辈仍不断重复地称赞"你不用妈妈提醒就记得睡前刷牙，真是个好孩子"或"不错哦！你会自己穿衣服了！"这类的话反而使孩子觉得父母的称赞毫不稀奇，因而称赞的作用也无法发挥。

此外，有些家长容易为称赞而称赞，惯性地赞美孩子，亲子关系容易流于机械化，因为父母随口说出的称许很客套，例如，孩子穿过很多次的外套却被你称赞"你穿这件外套很好看！"或是儿子明明球技不佳，家长还说："你真的很会打球！"诸如此类与事实不符或是并非真心赞扬的话语，可能会让孩子觉得你在冷嘲热讽或只是随便讲讲。别以为孩子听不出言语的温度，儿女绝对能分辨出家长讲的是不是真心话，如果话语没有发自内心，反倒会使孩子觉得很受伤。

对待亲子关系一定要诚实真诚，不要勉强敷衍地说好话。当你称赞孩子的时候，一定要有所凭据；若孩子的表现不如预想，也不要故意说好，否则孩子无法判别是非对错，从而导致任性、无礼、没规矩等偏差行为。

有一类父母私底下很少夸奖孩子并经常贬抑批评，却每每在人

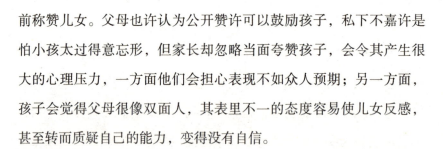

前称赞儿女。父母也许认为公开赞许可以鼓励孩子，私下不嘉许是怕小孩太过得意忘形，但家长却忽略当面夸赞孩子，会令其产生很大的心理压力，一方面他们会担心表现不如众人预期；另一方面，孩子会觉得父母很像双面人，其表里不一的态度容易使儿女反感，甚至转而质疑自己的能力，变得没有自信。

父母于台面上和私底下的态度不宜有所差别，以免孩子无所适从；此外，在人前称赞孩子虽然并无不妥，但还是要视孩子的个性而论，有些孩子不喜欢成为大人们的话题，有些孩子则喜欢被当面称许。应多站在孩子的角度思考，理解其想法，并给予适当尊重。

2.不要赞美与生俱来的特质

有些孩子经常被称赞漂亮，有些孩子则被夸赞很帅，但帅和漂亮的特质是源于天生，并非孩子可用自我的能力控制；如果孩子听多这些话，可能会害怕自己变得不再漂亮，或是担心不再帅气。换句话说，赞许孩子不应太过空泛，家长可以改成具体的说法，如"你今天的仪容整齐又清爽"或者"这些题目你都答对了"，明白切实的夸奖会让孩子感到自己有努力的方向，才能从中建立自信。准确不含糊的称赞方式如下所示：

（1）**直接切实**：常见的空泛称赞包含"很好""好棒""好乖""好厉害"，等等，若单听这几句话，你能知道孩子为什么得到称赞吗？想必连孩子也不知道为何能获得爸妈的肯定，即使他听得很高兴。赞扬孩子的时候，具体指出孩子做得好的地方，借由家长清楚的称许和引导，几次过后，孩子便可依循此原则做事。例如，孩子将玩具借给其他小朋友玩，你可以说："你把玩具大方分享给其他小朋友，很棒！"直接指出你喜欢孩子怎么做，孩子自动自发地收拾玩具，你不妨说："不用妈妈提醒，你就主动收拾玩具，好乖哦！"以上的用语都能有效鼓励孩子做得更好，若家长只说"好棒"，语意太过模糊，孩子不易掌握其含义，也难以判断该怎么做才对。

（2）**努力大于成果**：赞美孩子是一门学问，说的时候除了要明白确实，同时要懂得放大孩子的努力而非事情的结果。举例来说，若孩子于篮球比赛时投进一个球，父母可能会说："你投进篮筐为队伍得分实在太棒了！"这个说法虽然能让孩子了解被嘉许的原因，但更好的称赞方式为："你今天在球场上卖力奔跑，积极寻求得分机会的样子实在太棒了！"你能看出前后说法的差异吗？前者会让孩子感觉他被肯定是因为得分；后者则使孩子明白，并非进球得分才能获得肯定，父母认同的是付出的过程，即使结果不理想，但努力的态度并没有白费。

（3）**以孩子为主**：有些家长会说："妈妈好喜欢你整齐的字体！"或"爸爸很为你骄傲！"这类句子乍看之下不觉有误，但其主语都是爸爸或妈妈。家长应理解称赞的功用，是为了协助孩子建立信心，而不是为了满足长辈的期望，所以称赞的时候，主语应该是"你"而不是"我"，如"你的字写得这么工整，一定苦练过吧！"或"你让爸爸感到很骄傲！"。

3.赞美的风险

父母无不希望称赞孩子可以立即见效，然而一味奖励并不能做到有效的管教，教导规则的同时，必须带孩子亲身体验、确实了解，使其在行为和情感都能认同家长的规范，才能学到正确的处世之道。

管教小孩的时候，有的父母会觉得孩子的任何行为都很可爱，即使他乱发脾气，或抢了别人的玩具，父母却觉得这是孩子成长发展上的必然现象，理应使其自主发展不加干预。然而，年幼的孩子在生活中需要一定程度的纪律教导及社会化的引导，过度放任并不代表尊重小孩，而是父母没有扮演该有的引导及约束角色。

在0~6岁孩子成长的过程中，父母扮演照顾者、玩伴的角色，还有另一个很重要的角色，即孩子社会化过程中关键的引导者与教导者。社会对何谓恰当的行为有一定的期待，父母必须帮助孩子在满足自己需求的过程中，保证行为又能够符合社会的期待，而这必须通过刻意的学习才能做到。以下即提供具体做法给家长们参考：

（1）**让孩子明白什么事不该做**：年幼的孩子经验不足，当他做出成人觉得不该发生的行为时，很多时候是因为小孩根本不知道这是不应该做的事。例如，小孩子看到喜欢的东西就随手拿走。做这件事时，他的心里不会想到"我偷东西"，他想的是"我喜欢，所以我拿走"。如果父母此时说："宝贝乖，不可以哦！"孩子反而直觉自己被称赞乖，也无法理解到底是什么事不可以做；若改口为："你不能喜欢就拿走，因为那是别人的东西，不是你的。"通过这句话灌输给孩子"别人的东西不可以乱拿"的观念。

此外，父母应不厌其烦地反复告诉孩子别人的东西不能拿，并教其分辨哪些东西属于自己，哪些东西则是别人的，想拿就必须先问过对方。如此一来，孩子就能大致理解物权的概念，若遇到小孩想拿别人的东西，父母就要提醒他：这么做是不对的。

家长可以多通过童书使孩子明白不能任意妄为的事情，通过"故事"让孩子知道生活中有许多规则必须遵守。除了口头告知，也要带领孩子做正确的事，如未经同意而拿了别人的东西，家长可以陪同孩子主动归还，而不只是说："拿去还给别人"。

（2）**耐心分析让孩子分辨对错**：通过规则的教导，孩子也许知道这件事不该做，但是在行为上不一定能做得到。例如，A小孩看见B小孩有糖果，A很想吃，但是B不愿意分给他吃，于是A趁着B不在的时候偷吃了糖果。

其中，A虽然知道这是不对的行为，但还是忍不住想吃。A小孩的思维是："虽然我知道这是不对的事，也知道被发现的话可能会有惩罚，可是我很想吃，所以趁B不注意时，拿他的糖果来吃。我吃到糖果觉得很快乐。"

A小孩的行为明显表明B小孩糖果被偷吃的心情，但这可以通过父母的引导而改善，约4~6岁间，孩子的道德情绪就会开始萌芽，对别人的处境会有些理解，这个时候家长在管教时，就可以耐心分析缘由教孩子分辨是非。例如，孩子在墙壁或地板上乱画，父母可以告诉孩子："你把地板画得乱七八糟，妈妈要花很多时间清理，所以看到你画在地上就很不开心。"有了耐心的情感教导，几次之后孩子在面对诱惑情境时，就会想到其他人可能因此受到影响，除了心中会产生罪恶感，也能自我抑制不当行为的出现。

（3）**不要先奖励后要求**：当孩子遵循你的教导而出现正确行为，父母可以运用一些奖励增强孩子的好行为，以培养孩子以自己为荣的荣誉感；但绝对不能先给奖励再要求孩子做出对的行为，给糖果、玩具等物质性的奖励诱使孩子达到父母的期望，会使孩子失去自发性，也失去奖赏的意义。

　　信杰升上初中后，课业压力变得比较重，小学成绩名列前茅的他，在初中却表现平平，信杰经历一番努力，终于在这次考试中进步至第十名，他得意地告诉妈妈这件事。妈妈听了儿子的话该如何鼓励呢？

NG行为

　　"继续加油，我相信你可以考到第一名。"没有考量孩子的能力，对孩子过度期待，反而使孩子产生莫大的压力，可能会让孩子觉得他的努力在你眼里不值一钱。

高EQ回答

　　"你一定是在课业上下足了苦心才会有这么大的进步，希望你能保持努力的态度。"肯定孩子的用心，并鼓励孩子维持正确的行为和态度。

"离开"练习：
压力来袭，培养孩子的挫折忍受力。

孩子的受挫力不足

——练习让孩子具有抗压性

　　小柔是家里的独生女，也是父母唯一的掌上明珠，自幼得到许多关爱，爸妈更是花费不少心力栽培女儿，让小柔就读学费昂贵的全美语幼儿园，还请了专门的家教到家里教小柔弹钢琴。毕竟家里只有一个孩子，父母的心血全都灌注到她身上。

　　让父母备感欣慰的是，小柔从小就是个不需要大人操心的孩子，无论是生活常规和课业方面，她的学习力总是又好又快，不仅在校成绩优秀，也弹得一手好钢琴，每次检测都是高分通过；小柔做任何事都很认真，是同学眼中的完美小姐，因为她不只课业名列前茅，上美术课的时候，老师教大家折纸，很多同学折不出来就失去耐性，把色纸弄得又皱又破，但小柔却折得精巧细致；家政课学习缝制玩偶，小柔也要求自己一针一线缝得工整仔细，如果不小心漏了一针，多数同学都会将错就错，觉得稍微影响玩偶外观没关系，但小柔宁可将缝线全部拆掉重新缝制。小柔已经多次当选班上的模范生，她执着且务求完美的个性让大家心服口服。

然而，完美的小柔在班上却没有朋友可以同她分享当选模范生的喜悦，同学虽然很羡慕小柔的聪明，但私底下却觉得小柔的个性很难相处，平常甚至会尽量与她保持距离。

小柔看起来和一般女生没有什么不同，她上课认真守规矩，老师时常请她担任小老师帮同学复习功课，她也十分尽责地协助同学解题。虽然每一次考试几乎都是小柔蝉联班级第一名，但是有一次她的语文考试退步，"只"考了八十九分，名次也因此下滑至第三名，当老师将考卷发给小柔时，小柔单手火速接过考卷，一脸不悦地走回位子。

老师看到小柔不满意自己的分数，便安慰地说："即使分数不如预期，也不用放在心上，重要的是找出考差的原因，并将其改正。"

听了老师的话，班上同学纷纷翻书找资料，并开始订正各自的考卷，唯独小柔不动笔订正，且不发一语地瞪视桌上的考卷，过了一会儿，老师请全班将修正好的考卷交回，老师陆续收回考卷后，只剩小柔没有交过去。

"你订正好了吗？"老师不愠不火地询问小柔。

小柔依旧瞪视考卷，对老师的话充耳不闻，但下一秒，小柔拿起试卷粗暴地撕成碎片，她的举动吓坏了周遭的同学。

看到小柔的行为，老师平静地对她说："你撕掉考卷，很不尊重老师和这堂课。"

然而小柔不等老师说完，便将语文课本、语文作业本和语文习作"啪"的一声摔在桌上，并粗鲁地将里头的内页一页一页撕下来，课本、作业本和习作被撕扯得体无完肤。

"把情绪发泄在课本上是不对的行为。"老师的口气依旧冷静。

小柔把桌上的东西全部拨到地上，并趴在桌子上哭泣。无论老师和同学如何劝说，小柔就是不肯起来，她趴了一整天，直到放学才起身回家。

隔天，老师接到小柔妈妈道歉的电话，妈妈在电话中一直赔不是，她表示自己也常拿女儿没辙，虽然女儿学习很上进，但是每次遇到瓶颈就会发脾气。练习钢琴时，如果一直弹不好，小柔就会把琴谱撕掉，甚至把自己关在房间足不出户，气过几天后，就会像没发生过任何事一样地继续练习。

妈妈知道小柔面对挫折的情绪起伏很大，却不知道该从何协助才好，她也常会对小柔说："只不过退步一点点，这又没什么。"因为她很担心未来当孩子遇到其他瓶颈时，会承受不了更大的压力，妈妈想帮忙，却又不知该从何帮起。

提升孩子的挫折免疫力

挫折是主观的情感感受，家长应尊重并理解小孩的心情，很多时候大人眼中微小的挫折，对小孩来说却是对自己能力的否定。家长应避免对孩子说："只不过是输了一场球赛""没什么大不了""这又没什么"等话语，父母会这么说，是因为一路走来，已经拥有数十年的人生历练，所以觉得小孩的烦恼微不足道。其实，小孩面对遭遇的瓶颈时，最重要的是培养勇气，并习得新能力。

要让孩子克服困难并得到学习的前提，就是父母必须学着放手让孩子自行处理生活事务，如整理房间、自行定时起床或自己煮食等，这些生活事务提供了"在错误中摸索"的珍贵机会。日本早稻田大学的教授田中博之指出，在面对种种无可预期的困难时，孩子必须学会坚持下去，主动思考如何化解问题，才能在无形中强化挫折忍耐度。

许多父母在教养的过程中往往很矛盾，想要帮助孩子，却怕剥夺其学习独立的机会；强迫自己放手，又怕孩子经不起打击。究竟家长该如何拿捏，才能正确建构、提升孩子的挫折免疫力呢？家长不妨参照以下的原则，引导小孩增强克服万难的勇气。

1.陪小孩分析挫折的原因并找出解决方法

小孩生病的时候，父母绝不会只简短地说声保重，反而会时常提醒儿女要穿暖一点、记得吃药、少吃冰的东西，并早点睡觉等。

但是，当小孩面对挫折的情绪时，父母往往忘记用同样的态度协助孩子渡过难关，如儿女因考试不理想而落泪时，父母应该陪着孩子分析导致挫折的原因，进而找到解决的方法，陪伴他多练习，累积能力，而不是只说一句："你要勇敢一点！"或"这有什么好哭的？下次考好就好了。"

欲把挫折化为学习实力，需经过三个阶段，分别为觉察发现、理解认识和转化学习。当孩子回家后，很沮丧地跟父母说："我的语文越考越差，不知道该如何是好？"父母若回应"没关系""不知道"表明父母没有"觉察发现"孩子的挫折，错过发觉挫折的机会，将使孩子不知道该如何面对挫折，以致从负面情绪发泄。

父母若回答"虽然你考不好，但在妈妈的眼中你是最棒的"或"下次再努力考好"，则代表家长发现孩子在课业上遭遇挫折，但于"理解认识"的阶段却没能找出症结，没能陪孩子寻求解决问题的方法，也就错过了引导孩子从挫折中学习解决问题的机会。

最恰当的做法是父母发现孩子遇到瓶颈时，试着理解孩子的难过心情，帮助小孩认识和觉察挫折，进而找出考不好的原因，如准备不足、不理解题目、题型不熟等，发现原因后，才能进入第三阶段，陪孩子学习，勇于克服瓶颈，并内化成为孩子的能力。

2.帮助孩子找到目标，让"挫折"变得有"意义"

多数孩子从小到大都被告知要用功读书才有出息，因此生命的空间和意义只局限在教室里，成就和挫折亦被框在这小小的范围，结果成绩高低决定成就好坏，这个观念使孩子受到肯定的机会变少，因此变得容易受挫。

拥有丰富人生经历的父母却理解社会上有很多杰出的成就并非只看成绩好坏，而在于达到成就的意义为何。故事中的小柔将考不好视为挫折，她看到的只是数字从高分变低分，并不能体会学习的价值不在于分数而是过程。父母若希望培养孩子的抗压性，应慧眼独具地欣赏孩子的特质，让不同特质的孩子，都可以在不同的领域找到学习的经验和意义，不要让自己的心情随分数高低起伏。

拥有亚洲第一光环的超级马拉松选手林义杰，曾经历低潮的冲击，他发现自己并不是一直都那么厉害。某一次比赛时，林义杰小腿的阿基里斯腱发炎，导致比赛难以继续，当时旁人都劝他放弃，但他还是选择上场；打了消炎针后，他坚持跑了约三十五公里，但之后却因双腿剧烈疼痛，不堪负荷长途跑程而放弃该场比赛，当下他觉得自己之前咬牙练习的苦心都因此白费了，但事后他经过一番思考，认为自己虽然没有跑完全程，但是并不觉得自己很没用，也不再感到惋惜，反而领悟到人的能力有限，而自己已经尽力就行了。

由以上可知，孩子若能找到自己的路，认同自我价值，同时了解自己做的是有意义的事情，无论结果成败，都能肯定过程中的努力，日后即使遭遇挫折和苦难，也能越挫越勇、毫不退缩，更不会因为退步影响情绪。父母不妨陪孩子一起建立合理的目标，让孩子愿意为目标而忍耐，并接受随之而来的挑战，以从中品味最后苦尽甘来的满足。以下即提供一些制定正向目标的方式给家长们参考：

（1）**订立范围而非分数**：很多老师或家长会规定孩子每项科目的分数，因此孩子只会围着抽象的分数转，而不懂为何而读。现实社会中，很多事情都没有标准答案，只能依照平时累积的能力和经验想办法解决，因此父母不宜用分数评价孩子，而应依照孩子的能力划出努力范围，如一小时内做完模拟试题、十分钟内读完这篇文章或五分钟内跑完操场一圈。

（2）**给予适当的弹性**：努力范围不宜太过严苛或宽松，过高的标准会让孩子感到遥不可及而疲乏；但太低的标准又不能激起其上进心。

（3）**避免负面目标**：有些孩子的自我要求很高，如果表现不如预期，可能出现极端的行为，父母除了表示理解并陪孩子走过挫折，平日里还要多以朋友的身份了解孩子的想法。若发现孩子得失心太重，可以纠正其观念，让孩子把目标作为动力，而不是情绪的指标。

3.揪出挫折根源

面对挫折，有些孩子是"有苦说不出"，尤其是孩子觉得家长不懂自己时，只好沉默以对，或是以哭闹、躲起来等方式面对。这不一定是因为孩子缺乏面对挫折的勇气，而可能是受限于他不知该如何求助或表达，此时父母应通过引导和对话找到问题的核心。

孩子的挫折感多数来自校园，根据统计，其中有六成是人际关系，只有四成是升学压力。校园是孩子除家庭之外的生活重心，所以家长经常关切孩子的校园生活，将有助于找出孩子的压力所在；但平时若只是含糊地问孩子："你在学校都还好吗？"可能也只会获得淡淡地一句："还好。"亲子间类似这样的笼统对话反而会加深彼此的代沟，也无法解决孩子的挫折根源。

家长与孩子谈天应尽量创造对答的机会，才能引导孩子多聊自己的生活，而不是讲不到两句话就画下句点，父母不妨细心地问："你忘记带铅笔盒，都向谁借？""下课时，会和谁一起去玩？""上次跌倒，是谁陪你到保健室擦药？"或"老师的个性是活泼还是严肃？"等，多制造话题，并借此自然而然地沟通。

哈佛大学博士罗伯特·布鲁克斯（Robert Brooks）认为，从内在面对挫折的能力包含：

（1）能有效处理紧张和压力，适应日常挑战的能力。

（2）能从失望、困境及创伤中复原，发展出明确且切合实际的目标，解决问题。

（3）能与他人自在相处，尊重自己和他人。

父母和小孩每一次的互动，都是协助孩子培养挫折忍受力的教育机会。因为在处理每件事和问题的过程中，他们学到更多启示，克服逆境的种子也将从中萌发茁壮。而罗伯特·布鲁克斯在《培养小孩挫折忍受力》一书中提醒，挫折忍受力不是一堂进社会前才要学习的"课业"，而是父母时时刻刻都需要重视的教养关键。

现代的小孩看似比较幸福，但是越来越复杂的社会环境反而使孩子应变不足而措手不及，因此酿成不少社会悲剧，如学习优秀的学生因课业繁重而寻短见或高学历博士生因写不出论文而轻生等。若父母能及早察觉孩子的压力，掌握抗压性的养成，便能协助小孩强化挫折免疫力，勇敢面对逆境。

4.挫折不是让孩子踏进父母精心设下的陷阱

有些父母担心孩子生活在安逸的环境中会不知该如何对抗压力，所以宁愿在寒暑假花大钱将孩子送到落后国家"体验贫穷"。这个现象的主要根据是近年来的调查发现，有八成左右的初中和小学老师认为，现在学生情绪管理最大的问题就是"缺乏挫折忍受力"。

体验贫穷的背后，透露出父母急于寻求教养小孩抗压性的方法。因此父母想办法"制造挫折"，但这就像把免疫系统还不健全的孩子，放进充满病毒的环境里，效果很可能适得其反。

父母刻意制造苦难，对孩子而言倒像是一种惩罚、一种陷害，亦是一种负面的体验。这并不能让孩子的心灵充满力量，反而累积了怨恨和恐惧，孩子因恐惧而屈服，不能培养真正的受挫力。

挫折教育不该刻意设陷阱，再让孩子毫无防备地掉进去，然后指望他们自己爬出来。挫折教育应该是父母培养孩子面对挫折的时候，能够清楚地认识困难，分析自己的目标以及调整情绪，思考和执行解决问题以达到目标的能力。在这个过程中，父母要给孩子情感上的支持，让孩子学会设立目标，并努力解决问题来实现目标。

曾有专家在夏威夷对一群孩子做了长达四十年的研究，归纳出拥有挫折复原力的人，拥有五种正面的人格形成要素：

（1）满意自己的工作和学业成绩。

（2）和家人或亲属间的感情深厚。

（3）直到成年仍和父母及手足维持良好的关系。

（4）有好几个挚友可以提供精神上的支持和关心。

（5）正确地自我评估，了解自己是快乐的、很满意目前的生活状态。

根据研究，拥有良好挫折忍受力的人，共同基础就是拥有稳固的人际关系，并具有爱与被爱的经验。父母给小孩挫折之前，应该先让孩子确实明白自己是被关爱并且受接纳，赏识孩子并给予信任和教导，而不是急着给他"更多挫折"。

"说"的亲子练习题

小文的作文能力一向备受肯定，因此代表全校参加全台北市的作文比赛，同学和老师都对他抱持高度期待，希望他能为校争光。但小文却害怕自己表现不好，对妈妈说他不想参加。此时妈妈该如何回应呢？

NG行为

"你那么容易就放弃，一点儿抗压性都没有，以后出社会岂不是要完蛋！"未能了解孩子内心的想法，不能找出压力根源并陪同解决，反而让孩子更受挫。

高EQ回答

"你背负着众人的期望，压力一定很大，但是比赛的胜负并非重点，勇于参加并尽情发挥你的实力，即使输了大家也会以你为荣的。"成为孩子的精神支柱，并且鼓励他勇于面对困境。

说谎成性怎么行

——练习真诚地对待每个人

志成就读小学三年级时，他的班级刚结束期末考试，老师为了奖励同学前阵子的努力用功，特别选定第二天为同乐会，学生不仅可以带零食到学校吃，也可以带玩具到班上和同学一起玩。

"妈妈！我们班明天要开同乐会，你等一下一定要带我去买糖果饼干。"志成回家后，连书包都还没放下来，就兴奋地告诉妈妈这件事。

其实志成会这么开心不无道理，平时妈妈规定严格，因为怕他长蛀牙，所以几乎不准志成吃零食，只有在同乐会、节日和生日的时候才可以破例吃一点。

"好啦，等我把衣服晾好就带你去。"妈妈看到儿子兴高采烈的样子，不禁觉得他真是长不大。

于是，妈妈和志成一起到便利商店挑零食，妈妈规定他只能买两样，所以志成在商店里待了约一小时，踌躇许久才决定买一盒巧克力球和一包小熊饼干，因为巧克力球的数量比较多，他可以分给很多同学吃，小熊饼干则是志成最喜欢的零食。

回家后，志成立刻搬出他所有的玩具，打算选几样带去和同学一起玩，但是这些玩具都非常老旧，有些也已经坏掉。妈妈很少买玩具给他，一方面是觉得每次买玩具给儿子，志成不到两天就玩腻了；一方面是妈妈不喜欢志成只顾着玩，而忽略课业。因此，妈妈只有在志成考到全班前三名时，才会买玩具奖励他，志成就读低年级的时候，偶尔能达到标准，但是自从他升到中年级后，再怎么用功，最好的成绩也只有个令其饮恨的第四名，而妈妈丝毫不肯放松标准，因此志成已经很久没有买新玩具了。

第二天，志成带着新买的零食和一辆年代不可考的玩具车参加同乐会，他看到同学带来的遥控飞机和变形金刚等玩具又酷又炫，根本不敢拿出他破旧的玩具车。

"志成，你的玩具呢？拿出来一起玩啊！"同学小凯边问边拿出他的钢铁人玩具。

"我……我……我忘记带了啦！"志成不敢拿出玩具车，只好胡诌了一个谎言。

"是哦！太可惜了吧！你本来要带什么？"

"我……我本来……本来要带整套的X战警！"志成一边圆谎，

一边冒手汗。

"哇！X战警！整套！太酷了！"小凯羡慕不已地惊呼。

"哈……哈哈……下次可以来我家玩。"志成忍不住又撒谎。

"志成家里有整套的X战警哦！超厉害！"小凯对着其他同学大喊。

下一秒，全班几乎一起"哇！"出来，并带着羡慕的眼神望向志成，原本很紧张的他，突然感觉有几分得意。

同乐会结束后，老师发完这次考试的成绩单就宣布放学，成绩平平的志成这次考了第十二名，这是个不痛不痒的名次，意味着他不会得到什么奖励但也不会遭到爸妈严厉责备。志成回到家中一直闷闷不乐，刚刚同学不断追问他什么时候可以来他家玩，他慌忙地答应下个星期日，但到时候他的谎言一定会被揭穿！

志成一直在想有什么理由可以躲开同学，心想不如装病好了，但是装病只能躲避一时，同学一定又会找机会到家里，他反复地左思右想，终于脑中闪过一计。

志成拿着成绩单到妈妈房间，并告诉妈妈考试成绩已经出来了。

"这次考得如何？"妈妈坐在床上收拾衣服，漫不经心地问。

"给你看。"志成将成绩单拿到妈妈眼前。

妈妈的眼神在成绩单搜寻了一会儿，发现儿子竟然考了第一名，惊喜之余，也立刻心花怒放地称赞志成一定花费不少苦心，而志成也趁势向妈妈要求买全套的X战警玩具作为奖励，这套玩具价格昂贵，妈妈原本不想买，但是看到志成迫切想要，加上之前对儿子承诺考前三名就买玩具给他，妈妈还是点头答应了。

于是，志成不仅成功让同学看到全套X战警玩具，也顺利地以作假的成绩单瞒过妈妈，尝到甜头的志成说的谎话越来越多，如告诉妈妈要缴班费，其实把钱拿去买零食；家庭作业明明是三样，却故意擦掉一样只做两项。滚雪球般的谎言终于一次全被揭发了。

老师在开家长会的时候告诉妈妈，志成最近总是忘东忘西，不是作业没交就是忘记写，成绩也退步很多，妈妈听了很震惊，她不仅每天都会检查志成的作业，每次看成绩单儿子也都是名列前茅啊。一问之下，妈妈才发现志成将成绩单造假，还欺骗妈妈要零花钱，儿子不知从何时开始变得谎话连篇，回家后她气得对儿子又打又骂。志成从来没看过妈妈这么生气，他不仅被罚跪，双手也被打得又红又肿，他哭着向妈妈求饶悔过，但惯性说谎的志成还是经常欺瞒师长和家人，说谎行为迟迟没有改善，妈妈很担忧，也不知道该怎么教才好。

诚实，怎么教？

"你居然说谎！"初次发现孩子说谎，许多父母都会觉得事态严重，并害怕孩子开始堕落。

说谎普遍被父母认为是罪大恶极，孩子若说谎被逮到，大人的做法通常是严加处分，并威胁儿女不可再犯，很少有父母会仔细思考孩子不诚实的理由。根据专家的看法，儿童说谎通常反映出他们遇到问题或困难但无力解决，唯有靠家长明断并找出来，才能对症下药地帮助孩子。

孩子开始出现说谎行为，大约是在三岁左右，孩子的说谎原因，通常可以简单分成两大类：一种是编造不曾发生过的事；另一种则是希望自己没有做过某些行为以逃避惩罚，或是想要达成某些目的。以下是导致孩子撒谎常见的原因：

1.虚实不分的非事实性言语

虚实不分是学龄前孩子出现说谎行为的主要原因。三到五岁的孩子正处于想象快速发展的阶段，在难以区分想象与真实世界的情况下，孩子常会编造故事，说出与事实不符的内容，而且他们会认为自己所想象的事情是真的，或是极度希望自己想象的东西是真的。

孩子编造故事的背后，往往透露出其期望。例如，明明没去过迪士尼乐园，却说自己昨天去了迪士尼乐园，玩了旋转木马，还看到海绵宝宝和史瑞克；或是告诉其他人昨天在他家外面的马路上看到一头好大的狮子，他们说出与事实不符的内容，并非刻意说谎，而是认为想象世界是存在的。如果父母以大人的眼光来看，将与事实不符的言语都视为说谎，就会发现五岁半以下的孩子经常在说谎。

五岁以下的孩子出现这类说谎行为，绝大多数是因为虚实不分，所以父母不要把它当成偏差行为或人格问题来处理，应该以就事论事的态度来面对。通常孩子说出想象式言语时，也反映出他内心的期待，父母可以和孩子一起满足他的愿望。

很多父母从小就会让孩子接触很多童话故事，故事当中可能包含法术、会说话的动物或是长相特异的角色，故孩子有天马行空的想象是很正常的，如果大人劈头就说："你骗人，那是假的。"在孩子分不清真实与想象的阶段，这反而会让他以为自己的想象是错的，反而扼杀了想象力发展。若家长想引导孩子区分真实和虚幻，不妨试试以下的做法：

（1）**引导想象但不鼓励**：当孩子说"昨天我去迪士尼乐园玩了"，但父母清楚知道没有这件事，无须认同他说："对！好棒哦！"因为这样会无形中鼓励孩子强化他这种行为的出现。你可以换个方式问他："你是不是很想去迪士尼乐园玩？你想象自己去迪士尼乐园玩些什么？"清楚让孩子知道他很希望去乐园玩，所以才有此想象，接着才问他玩些什么，使其在逐渐区分虚实的过程中，也感受父母对他想象世界的尊重。

（2）**参与想象引导真实**：即便是成人也会有做白日梦的时候，只不过大人可以清楚区分幻想和现实，但年幼的孩子容易将其混淆，父母可以运用想象力协助孩子分辨，如："我有时候也会想象我们全家一起到迪士尼玩的事，虽然乐园里没有海绵宝宝，但我们也许有机会和史瑞克拍照，一定很有趣。"

运用想象力将不存在的事物变成真实想象，是幼儿心理发展的重要特性，父母不能忽视，如果不予理会可能导致日后孩子真的养成说谎的习惯；但同时也要让孩子了解大人欣赏他珍贵的想象力，甚至愿意参与。

上述处理方式的优点，在于孩子不会认为大人是在取笑他、指责他，而且有助于孩子辨别想象，同时达到发展孩子想象力的效果。孩子五岁后，可以渐渐区分出真实和虚幻，这种非事实言语，也会逐渐消失。

2.通过谎言达到目的

根据专家统计，大人说谎的次数绝不亚于孩子，但是大人撒谎容易被谅解为善意的谎言，孩子却会被认为小小年纪就说谎。根据研究，说谎时肾上腺素会加速分泌，呼吸变急促、容易流汗、眼神游移、讲话结巴等，种种生理反应会让谎言很容易被拆穿，所以大多数孩子会先选择说实话。若孩子的谎言总是接连不断，并且说得脸不红气不喘，父母就应尽快找出原因立刻改善这种情况了。以下即是孩子经常撒谎的原因。

（1）**害怕受罚**：孩子懂得说谎就表示能辨别对错，若孩子认错时，仍受到父母激烈的责备和惩罚，其处罚愈严厉，孩子愈容易借说谎逃避皮肉之苦。

（2）**感到羞愧**：孩子有时候会忌妒表现比自己好的同学或兄弟姐妹，因此有吃不到葡萄说葡萄酸的心理，若被大人识破他们的忌妒心，他们会十分难堪，因此会通过谎言寻求掩护。

（3）**不愿让父母失望**：如果父母定下高标准，使孩子难以在课业或个性上达到父母的期望，孩子便可能用欺骗手段来满足父母，

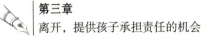
谎称自己功课优秀或自己是班上的风云人物，等等。

（4）**表现自己的忠心**：对孩子来说，背叛朋友是绝不可犯的禁忌，与其对朋友不忠，宁可说谎。父母离异的孩子也有类似的心态，他们想袒护双方，所以宁愿说谎，也不愿互诉双方的缺失，更不会承认自己的痛苦。

（5）**出于自卑**：孩子为了赢得众人的注意和羡慕，可能会谎称拥有某些财物、能力或是结交了了不起的朋友以此来肯定自己。

除以上几点之外，孩子说谎还有一个非常重要的原因，那就是父母和周遭不断提供说谎的题材。大人或许会基于善意或礼貌地说："我觉得你不胖。"或是为了躲避某人而说："告诉他我不在！"父母若因懦弱、羞愧、为人着想、好面子等情况说谎，又怎么要求孩子诚实呢？

因此，要求孩子诚实的父母，最好先反省自身的态度，是否常对孩子责骂嘲讽，同时理解亲子间并不需要完全坦诚。因为每个人多少都有不想说的秘密，尊重孩子的保留态度，若凡事都要孩子坦白并打破砂锅问到底，反而会促使孩子找谎言搪塞。

3.预防说谎不用口沫横飞

教导孩子诚实的观念，未必要费尽口舌，因为道理并不是靠三令五申就能进入孩子脑中，唯有父母以体谅的心循循善诱，并以具体的做法引领孩子做正确的事，孩子才能明白不能说谎。

（1）**当孩子的好榜样**：不要信口开河，更不要欺骗孩子；务必遵守承诺，并诚实回答其问题。

（2）**用爱包容**：让孩子了解即使他犯错，或没有达到父母期待的表现，父母仍会爱孩子，就算爸妈当下很难过或非常气愤，还是愿意体谅和原谅并帮他们解决困难。让孩子不必担心被处罚或受窘，他们便会愿意吐露真相；反之，孩子和盘托出结果得到一顿臭骂，下次孩子绝对不会再这么"诚实"了。

（3）**不要逼供**：对孩子追问得愈紧，施加越多威胁，越容易招致更多的谎言，家长的怒气也会加速累积。给孩子喘息的空间，凡事不咄咄逼人，孩子才会自愿坦承。

（4）**隐瞒不是说谎**：孩子进入青春期后，渐渐有隐私的观念，有些话不愿说出来不代表是欺骗父母，家长应提高对孩子的信任，听孩子说想表达的话，才能让孩子不必再靠说谎应付父母。

4.处理谎言的态度决定孩子会不会再说谎

父母除了要预防孩子的说谎行为之外，更要懂得理解孩子谎言背后的苦衷、切入事件核心，并确实传达爱，让孩子知道自己的行为不对，并懂得修正态度面对问题。

当你发现孩子说谎时，可在第一时间询问说谎的原委，理解孩子这么做的原因，理解孩子怕被骂而说谎的想法，注意日后针对孩子的想法做调整；接着，家长应明确告知孩子做错的地方，让他清楚地知道说谎是不对的。如你不该窜改成绩单欺骗爸妈或你撒谎说要缴班费，却把钱拿去买零食的行为是不对的。明白告诉他做错了什么，最后让孩子知道爸妈的爱没有条件，纵使他处理这件事情的行为错了，但父母的爱不会改变。

趋利避害是人之常情，若想要减少孩子说谎的机会，父母应该主动打开与孩子讨论的大门。当孩子知道只要通过正向讨论的方式，就可以满足自己的需求或是不用担心大人的责骂，他们自然不会说谎。

而保持亲子之间的良好对谈也应该从小开始，即使孩子已经多次因为趋利避害而说谎，建立对谈关系也永远不会晚。父母要有耐心，让孩子重新信任这种沟通模式，因为信任而选择说实话，自然就能改善说谎行为。

若孩子说谎是为了获得他人认同，让别人羡慕自己，面对这种形式的说谎行为，父母要先思考为什么孩子没有足够的自信，而必须靠说谎让他觉得比别人强的原因。同时，父母也要找机会与孩子沟通，让他认识自己的长处、肯定自己，培养自信心。

最后，别忘了父母的一举一动孩子都看在眼里。大人做错事被孩子知道时，一定要诚实以对；尤其是六岁以上的孩子已经了解什么是说谎，大人应该勇于承认错误行为，并以身作则地教育孩子。

"说"的亲子练习题

妈妈问儿子小祥今天的功课写完了没有，小祥随口回答写完了，但其实他顾着打电玩而不写作业。妈妈发现他说谎该如何反应呢？

NG行为

"你没写完还敢说写完，说谎话鼻子会变长！"撒谎后，鼻子根本不会变长，父母以另一个谎言教训孩子，并不能使其理解说谎的后果。

"你过来跪下，手伸出来，我要打你。"愤怒可能造成儿女的压力，之后更因害怕被惩罚而持续说谎。

高EQ回答

"你为了电玩荒废功课，并撒谎欺骗我，明天到学校交不出作业，反而要花更多时间写两天的作业。"心平气和地告诉孩子欺骗只会让事情更复杂，而且说谎得不到任何好处。

网络时代的亲子关系

——练习在虚拟世界亲密相处

　　琪琪的父母深知电视对孩子的诱惑很大，许多小孩太早接触电视导致近视，而且花费太多时间看电视，幼儿会失去童年期应有的游戏、玩耍、听故事、牙牙学语和各种因好奇心驱使的学习，长大之后也无法发展出深度的观察与思考能力。

　　有些家长为了让孩子安静下来，更把电视让给儿女看，使其消停下来。琪琪的父母经过种种考量之后，决定在琪琪出生后，对电视加以设置，目的就是防止女儿沉迷卡通或其他节目，同时也严格控制大人看电视的时间。虽然琪琪还是喜欢看卡通，但在管制之下，每天约半小时到一小时并不过量。

　　女儿上小学三年级后，渐渐对电脑感到好奇，加上班上同学都在玩在线游戏，并经常互相讨论，这增长了琪琪接触电脑的欲望。琪琪的爸爸妈妈知道电脑对孩子的害处不亚于电视，也有专家指出长期玩电脑将使大脑的注意力停留在视觉及手部协调动作上，此时便会局限其他脑部功能，如警觉性、沟通功能或创作能力等。

完全地禁止并非长久之计，日后女儿可能需要用电脑做功课或上课，而且越禁止就会让孩子越想挑战，所以爸妈决定在假日的时候开放琪琪使用电脑，但必须适时起来活动休息，爸妈也可以随时看到女儿浏览的网页。同时，他们也经常在假日带琪琪到户外踏青或运动，减少坐在电脑前的时间。

在爸妈的管控下，琪琪未有网络成瘾的偏差行为；但是升上六年级后，同学们讨论的话题从电视和电脑，扩展至智能手机。刚开始琪琪对智能手机的态度有点不以为然，她向父母抱怨："每堂下课，朋友们都忙着滑手机，不玩鬼抓人也不打球，真无聊！以前和朋友一起吃饭总是聊得火热，但现在大家忙着打卡、拍照和上传，整顿饭吃下来竟然聊不到几句话，我真的很不喜欢这种感觉。"

滑手机的风潮让琪琪感觉自己与同学之间增加了不少距离感，她无法实时参与朋友在社群网站的动态和留言，只有假日才能从电脑上看到，但那些信息对朋友来说已经是历史记录。于是，琪琪开口要求父母给她购买智能手机。

爸妈明白琪琪不是骄奢无度的孩子，女儿现在拥有的传统型手机已经用了两年，她不仅保存良好也相当爱惜地使用，身为家长也理解科技是趋势，亲朋好友包括自己也纷纷改用智能手机，但对于还没有备案对策的大人来说，面对孩子的要求仍是感到措手不及。

"我保证会好好使用旧手机，直到它坏掉再买新的。"琪琪试着说服父母。

父母找不到更好的理由回绝女儿，进行一番不要变成低头族的道德劝说后，二老便点头答应。

琪琪的确遵守承诺，她的旧手机一直使用到小学毕业，准备升初一的那个暑假才坏掉，当时全家也只剩她还没改用智能机。爸妈带琪琪到电信公司购买时，手机型号也几乎清一色是智能手机。琪琪虽然想买最新款式，但是爸妈考量价格和实用性后，他们共同挑选了一款价位中等、外型适合小女生的粉红色智能手机。

然而，家长担心的事情还是发生了。以前的琪琪一回家就急着找爸妈分享今天在学校发生的事，但现在的她，回家第一件事就是拿出手机开始滑，而且无论吃饭、写作业，手机总是放在旁边，双眼随时盯着看荧幕有何动静。

爸妈看到琪琪吃饭总是心不在焉，便对她说："你以前说不喜欢同学吃饭的时候滑手机，没有互动的感觉很不好受，现在爸妈也有相同的感觉。"

琪琪露出歉疚的笑容，并把手机收起来，但是她却狼吞虎咽地快速吃完饭，又拿出手机继续用。亲子互动不只越来越少，女儿也经常把自己关在房间里，有时候爸爸半夜起来喝水，经过她的房间还能听到琪琪讲话和大笑的声音。

父母看到琪琪只顾着玩手机感到非常焦虑，他们自觉不该强硬没收女儿的手机，但又很想知道她都用手机做些什么。有一天，妈妈趁着琪琪洗澡时偷看她的手机。女儿的手机里下载了一些游戏，有很多自拍照还有很多和同学聊天打趣的信息，这些照片有很多挤眉弄眼和装可爱的表情，而信息的传送时间包含上课时间和课余时间。

妈妈看得很生气，但她知道如果向孩子摊牌，一定会被女儿认为大人不尊重她的隐私，但她又不能放任孩子滥用手机。"滑一代"的来临，让家长越来越不知道该如何教养小孩。

孩子的视界不只有手机

儿童福利联盟曾公布一份"手机及APP（Application，移动设备应用程序）使用调查报告"，结果发现现今学龄期儿童与少年使用手机出现了"三高"现象。

第一，智能手机拥有率"高"。近四成学生使用智能手机，比两年前增长两倍，另外有三成表示想在未来购买，可见智能手机已成为孩子的基本配备。

第二，使用频率"高"。调查发现有智能手机的孩子中，有一成多的孩子会于平日使用三小时以上，而约五分之一的人假日甚至会使用五小时以上。儿女滑手机的时候有一回家就开始滑，聚餐或聚会的时候、上学或放学的途中，甚至在补习班也会找机会低头滑手机。其中，近四成有智能手机的孩子不到半小就把手机拿出来看一次，近一成甚至每五分钟就要滑一次，进而出现玩手机上瘾现象。调查发现每十个拥有智能手机的孩子，就有一人出现成瘾现象，其成瘾行为包括会因为没带手机出门而没有安全感、无法使用手机而觉得烦躁或生气、因父母限制使用手机而和父母吵架等。有些孩子会结交陌生网友，并邀请不认识的人成为社群网站的朋友，甚至约出来见面，这更令家长担心孩子的人身安全。

第三，APP下载率"高"。智能手机的一大特色就是有各式各样的APP，让孩子沉迷得"抬不起头"来，其中主要是游戏、音乐和聊天APP。然而大部分的学童都不了解APP分级情形，有些孩子因好奇心而使用暴力或色情的APP，甚至公开发布色情、暴力、不雅照片或影片，这类限制级的内容将直接影响孩子的身心发展。

父母可以约束孩子看电视和使用电脑，但难以掌控儿女随身携带的手机，孩子容易出现不当使用、过度依赖或是手机成瘾的现象。建议父母尽量延后孩子使用智能手机的年纪；尽早培养孩子正确使用手机或平板电脑的习惯，并且和孩子们约法三章，讨论出一套合理的手机使用规则，包括使用的时间、时机和场合等，这样才能帮助孩子正确使用手机。以下提供几个具体方案给家长们参考：

1.何时该给孩子买智能手机?

多数专家建议在高中以前，不该让孩子拥有手机。手机可以用于上网、下载、照相录像、收发短信和玩游戏，这些功能足以使孩子不断分心。

有些家长会将智能手机当作玩具或奶嘴，用以安抚幼童的情绪和哭闹，导致很多小孩两三岁就熟用智能手机，但这绝不是聪明而是危机，让幼小的孩子拥有智能手机，无疑是鼓励他沉迷荧幕，从而无法专注于周遭的真实世界和亲友身上。

0~6岁的幼儿需要的是动作跟感官能力方面的刺激，需要直接通过触摸、抓取、丢掷、敲打等肢体体验，发展全身的感官能力，并刺激大脑不同区块的发育与整合。而通过体能活动，能促进幼儿全身大小肌肉的发展，也能增强幼儿的自我控制能力，因此能亲身互动、操作的扮演型游戏，会比APP软件更符合幼儿的学习需求。

其次，幼儿阶段正是人际互动能力发展的黄金时期，与人互动时，幼儿逐步用语言、脸部表情、声音语调、姿势和手势，来表达自己的想法与感受。若父母和朋友可以理解他的意思，并适时给予回应，会增加孩子沟通的兴趣与信心，进而更愿意与他人沟通。但是如果幼儿不习惯与人互动，而是成天面对冷冰冰的智能手机，容易影响他日后的人际关系和表达能力。斯坦福大学传播学教授纳斯（Nass）的研究更进一步指出，幼儿时期就持有并常用智能手机者，社交成就感较低，同侪压力也较大。承以上所言，家长怎么能放心把多功能的通讯科技产品交到幼小的孩子手里呢？

2.如何正确使用手机？

有些家庭基于安全因素，会提前给孩子手机，以方便孩子可以随时联系自己，并且家长也可掌握其动向，例如，孩子可能必须单独上下学或离开大人的视线，这时候手机可以使双方保持联络及报平安。

这个想法虽然可以被理解，但是家长更应清楚地知道，孩子需要的是一部通讯联络用的手机，而不是结合影音、拍摄和游戏等多功能的装置。即使智能手机是挡不住的趋势，仍要制定规范，不放纵孩子使用：

（1）从关怀的立场，温柔地提醒孩子不要轻易在网络上回应陌生人的邀请或对话，同时在网络上也要保持对他人的尊重，以免触犯法规。

（2）手机最好不要开通网络，若孩子为了玩手机而废寝忘食，可以要求孩子在睡前把手机交出来；通常孩子不太愿意这么做，家长不妨给予一些弹性，与孩子约法三章，若他做不到，就不能自由使用手机。

（3）让孩子理解使用电脑、看电视或玩手机是特权并非应有的权利，所以孩子在使用任何数字媒体前，必须先征求你的同意。

（4）明确协定暂停使用手机的时间，如用餐时间、写功课时及睡觉前。与其直接告诉孩子什么时候不可以用，不如询问他哪些时间不宜使用。训练孩子视场合和时机而为，并请他为自己说的话负责。

（5）使用手机的时间不应超过孩子每天阅读、运动或玩耍的时间。

（6）与孩子一起讨论违反规则的后果，如周末禁用或减少使用时间。但惩罚最好有时效性，如一周之内不准使用，或是一个月内每次使用时间需减少三十分钟。具体的时间惩处，能让孩子服气，家长也不会因为当下的情绪给予前后不一的处罚。

（7）父母无须检查孩子的手机，但应告诉孩子正确的价值观。因网络世界有很多陷阱，也充斥色情、暴力等限制级的影片、文字或图片，这些不适合未成年的孩子观看。若孩子浏览这类内容被家长撞见，家长不用过度责骂，因为孩子以后可以躲起来看，不妨给孩子机会教育，向他解释这些是不良内容。

（8）与孩子共同制定的规范，父母也应遵守，并互相监督，强调对等关系，孩子就会做得更好。

3.亲子利用手机亲密相处

"滑一代"的孩子一出生就处于电脑、网络和手机的环境中，而父母儿时却不具有这些背景，因此现代亲子相处时容易产生"数字代沟"。家长除了具有教导安全使用手机与应当承担的责任外，当孩子能够成熟使用手机时，家长也要进一步利用手机与孩子亲密共处：

（1）**积极跟随与孩子同步**：网络时代就和亲子关系一样会经常更新，父母最好能认识孩子常用的网络语言，陪他玩游戏、看动漫，在管教之前先了解，并与子女建立朋友关系，以不干涉的态度认识他的社交和兴趣。

（2）**无声胜有声**：孩子与朋友几乎天天在网络世界分享、闲聊，并得到情感认同与支持。父母不妨偶尔也以传信息的方式关心孩子，虽然儿女经常将父母的关心解读成啰唆，但父母若能通过通讯软件只用短短几句话表达关爱，甚至加上可爱的贴图，就能轻易拉近亲子距离。

"说"的亲子练习题

小璇有时候会传送一些有趣的图片和搞笑影片给妈妈看，大部分都是无伤大雅的小玩笑，但是有一次妈妈看到其中一张相片显示某女星的脸被移花接木到裸露的身体上，她该如何反应呢？

NG行为

"你好色！好龌龊！"责骂会让孩子感到不明就里且心生羞愧，甚至对性的事物有偏差观念。

高EQ回答

"对别人的照片恶作剧是不尊重的行为，所以我并不觉得有趣，而且在网络上转发并散布色情图片是触法行为，为了避免这类不良图片充斥网络，我们应拒绝观看。"明确指出观看并分享有碍观瞻的图片会带来什么后果，并让孩子明白这类型的信息并不有趣。

教养EQ检测~
您是怪兽家长吗？

怪兽家长有强大的控制欲，喜欢掌控老师的一举一动，因此不自觉地危害教育质量。父母可以检视自己是否有以下行为，如果打钩的项目很多，就要小心了。

☐ 1.三天两头打电话给老师，一聊就超过一小时，完全不尊重别人的时间。

☐ 2.干涉老师教学，对老师该怎么教学、该怎么考试、该用哪些教材、参考书都强烈干预。

☐ 3.要求自己孩子要有特殊待遇，不仅要老师配合自己，甚至要其他家长配合。

☐ 4.自己的孩子永远是对的，发生问题一定是老师或其他孩子的错。

☐ 5.把老师当保姆，要求老师对孩子嘘寒问暖，提供无微不至的照顾和服务。

☐ 6.对老师一有不满，不寻求正常沟通管道，而是到处乱投诉，找媒体放话等。

□7.认为只要把孩子丢到学校，孩子所有的行为表现，都是老师跟学校的责任，如果孩子品学不佳就是老师没教好。

□8.如老鹰一般，整天盘旋在孩子身边，并无时无刻不盯着老师的一举一动，不愿意放手。

解 析

　　说明：一个钩也没有的家长恭喜您，您非常尊重老师的教学，也愿意积极配合，与师生皆有良善互动。打钩的家长请参考以下的检测结果。

　　A.1~2个选项代表有轻微怪兽倾向。这类型的父母无法与孩子有效沟通，因此很渴望从老师身上了解孩子，容易抓着老师问长问短。其实依赖老师并非正确的教养方式，应与孩子建立良好的沟通渠道，而不是将老师当做夹心饼干，夹在家长和孩子中间。

　　B.3~5个选项代表有中度怪兽倾向。此类型的父母常因爱子心切，帮孩子找借口将错误推给别人，或是为了替孩子出头而怪罪老师。建议家长要与孩子和老师进行对谈，并适当地配合老师的处理方式，这样才不会让子女过度依赖家长。

　　C.6~8个选项代表有重度怪兽倾向。属于强势父母的类型，不仅经常将责任推给老师、怪罪学校，甚至会采取激烈的言辞抗议，时常干预老师的教学方式。家长应学习信任孩子和老师，子女才有学习处理问题和独立的机会。

教养EQ检测~
孩子的个性属于哪一类?

每个孩子都有与生俱来的特质，当其接触形形色色的人事物时，不同个性的孩子会有不同的处理方式，对事件的看法也不会一致。以下测试可帮助测出孩子的性格，家长可针对子女的特质给予适合的教养。

1.孩子经常觉得自己绝对有能力克服各种困难。

    a. 是。　　　b. 不一定。　　c. 不是。

2.孩子在动物园看到猛兽关在铁笼里，仍觉得害怕。

    a. 是。　　b. 不知道。　　c. 不是。

3.当孩子到一个新环境，适应的情况如何?

    a. 很快就和新同学打成一片。

    b. 安静在一旁观望，看情况而定。

    c. 总觉得自己和班级格格不入。

4.对小学遇到的老师有强烈的喜好吗?

    a. 有。　　　b. 不知道。　　c. 没有。

5.孩子常觉得有人不喜欢他或是对他的态度很冷淡。

    a. 是。   b. 不知道。   c. 不是。

6.孩子常常觉得好心没好报。

    a. 是。   b. 不一定。   c. 不是。

7.走在路上时，孩子会尽量避开认识的人，因为他不想打招呼。

    a. 很少会如此。   b. 偶尔如此。 c. 经常如此。

8.去电影院看电影时，如果有人在旁边不断讲话并讨论剧情，孩子会
  有何反应？

    a. 仍能专心看电影。b. 请对方不要干扰。c. 不能专心并感到愤怒。

9.当家长让孩子选择时，孩子经常游移不定。

    a. 是。   b. 有时候会这样。   c. 不是。

10.孩子有特别热爱的兴趣或专长。

    a. 有。   b. 不知道。   c. 没有。

11.孩子的睡眠状况如何？

    a. 浅眠易醒。b. 偶尔才会失眠。   c. 熟睡不易受打扰。

12.下雨或天气不佳是否会影响孩子的情绪？

    a. 会。   b. 不一定。   c. 不会。

解 析

A. 0~8分悲观型。 孩子的情绪容易受到外界影响而烦恼。遇到生活中的烦恼和挫折，经常感到心神动摇，不能面对现实，容易出现急躁不安、身心疲乏、甚至失眠的反应。家长应尽量带给孩子乐观的思考方式，并鼓励孩子多方尝试。

B. 9~17分放弃型。 孩子的情绪变化不大，能沉着思考解决方式，但面临考验，自己觉得太困难时容易放弃，如担任干部、代表班级去比赛等。家长应尽量放大孩子的努力，不过分强调结果。

C. 18~24分乐观型。 孩子的情绪稳定，价值观很成熟，能以沉稳的态度应付各种问题，即使失败也能很快振作。家长不应强迫孩子一定要达到某些目标，孩子在各方面尽力而为的态度是最重要的。

说明：请将每一题的得分相加，再参照解析。

题号	1	2	3	4	5	6	7	8	9	10	11	12
a	2分	0分	0分	2分	0分	0分	2分	2分	2分	2分	0分	2分
b	1分	1分	1分	1分	1分	1分	1分	1分	1分	1分	1分	1分
c	0分	2分	2分	0分	2分	2分	0分	0分	0分	0分	2分	0分

第四章

放手，让孩子独立走出自己的路

　　为人父母注定要为孩子担心，即使孩子有判断能力，不少家长还是经常帮子女下指挥棋，甚至擅自决定孩子的前途和人生。于是，父母以全部的心力和财力栽培孩子，却不知道儿女真正需要什么。家长应支持孩子，并放手让儿女寻找自己的人生目标，让他们为独特的自己和生活努力。

　　放，即"放手"！孩子虽需在父母的呵护下长大，但是过度的保护就是溺爱，是让子女感到"很腻"的爱，也是盲目的愚爱。家长应学习智慧之爱，对待孩子要在保护中学放手；在协助中给自主；在关爱中有平等心；在慈爱中尊重他人；放开操纵孩子的手，孩子才能走出辽阔的路途。

"放手"练习：
守信用，不要出尔反尔。

亲子间不用讨价还价

——练习遵守当初的约定

有位妈妈和多年不见的高中好友相约到朋友家吃晚餐，她下班后，便赶着去幼儿园接女儿琳琳，并告诉孩子："今晚妈妈要去朋友家吃饭，等一下要到超市买水果礼盒作为礼物，买完就要赶快赴约，没办法像之前一样慢慢逛。因为我们要赶时间，你先答应妈妈到超市后，不可以吵着要买任何东西，知道吗？"

琳琳眨着大眼睛似懂非懂地点点头说："知道了！我今天不能买东西。"

当妈妈到超市挑选水果礼盒时，女儿拿了一个铅笔盒跑过来问："妈妈，这个好可爱哦！可不可以买？"

妈妈提醒她："我们不是约定好，今天你不能买东西吗？"

女儿有点失望地将铅笔盒放回原位，但不一会儿又兴冲冲地拿一个芭比娃娃跑过来说："妈妈，这个娃娃是电视广告的那款，她会跳舞耶！"

妈妈耐住性子说："我知道你很喜欢，但我们今天已经说好，只来买水果，不会逛太久，而且这个要三百块，太贵了。"

琳琳只好说："哦！好啦好啦！"她有点不甘愿地把芭比娃娃放回去，并乖乖跟着妈妈去排队结账。

收款机前的展示柜正促销着一款饼干，这款饼干平时卖得很贵，今天打完折大约三百块。女儿指着饼干开心地和妈妈说："这个我们班的雯雯很喜欢吃。"

妈妈拿了一包饼干说："妈妈朋友家的小孩也很爱吃，而且你今天很乖，努力遵守我们的约定没买东西，所以买这包饼干就当作给你的奖励吧！"

琳琳看到妈妈买饼干奖励她，感到很开心，结完账后母女俩愉快地赶赴聚会地点。到朋友家后，妈妈把水果礼盒和饼干拿给朋友，并表示饼干是要送给朋友的孩子吃，朋友感谢之余也拿了一桶水果软糖送给琳琳，琳琳露出甜美的笑容并开心地道谢。

妈妈平常管制女儿吃糖甚严，因为琳琳已经有不少颗蛀牙，但妈妈知道女儿收到一桶糖果后，势必得放宽吃糖的规定，于是妈妈与她商量一天该吃几颗糖才不会过量："你觉得一天该吃几颗？"

琳琳想了一下说："我一天只吃三颗就好。"

妈妈马上回应："那你一天吃两颗好了。"

女儿没有多说什么，她点点头接受妈妈的规定，妈妈也满意地点点头，夸赞琳琳很乖，并提醒她要遵守母女共同的约定。

亲子约定，该如何遵守？

故事中的母女互动顺利，并皆大欢喜地收场，妈妈看似成功地与女儿沟通，其实却隐含着一般父母不易觉察的"自我中心"态度。

首先，针对故事提出几个矛盾之处：饼干既然是作为女儿很乖的奖赏，为什么不买琳琳喜欢的且价格一样的芭比娃娃？其次，要买给朋友孩子吃的饼干，为什么要说是给琳琳的奖品？最后，找女儿商量一天该吃几颗糖，为什么最后是听妈妈的话而不是女儿的？

其实，孩子自我克制的表现确实值得鼓励，而妈妈在言语上给予肯定，如"你今天能够依照约定来做，真懂事！"或"你越来越懂事了！"等说法，能有效提升孩子的自信，其效果更胜任何物质奖赏。但在结账时，妈妈临时决定买饼干奖励孩子的自律，这容易让孩子对于原先约定的原则产生困惑，明明说好除了水果礼盒之外不能买其他东西，结果却是依照妈妈的喜好与判断来决定买或不买。

此外，孩子提出一天吃三颗糖已经自律甚严，但即使孩子的要求合理，许多父母仍然习惯和孩子讨价还价，最终虽然顺了父母的意，却让孩子产生"自己做的决定永远不够好"的想法，可见与孩子一来一往地讨价还价无法增长孩子的信心。家长以为这是沟通，但事实上只是让孩子屈服大人的威权。

单凭妈妈的喜恶判定，会让孩子捉摸不到家长的心思，并渐渐造成强势的妈妈和懦弱的孩子。亲子约定的准则应给予子女适当的自由和选择权，否则根本称不上是约定。以下即提出亲子约定时应注意的事项，让父母不出尔反尔，并训练孩子守信用。

1.大人要先守信用

有很多父母会和孩子争着看电视或使用电脑，但是到了约定时间，却会耍赖说再用半小时、十分钟或五分钟，小孩若在旁边吵闹说爸妈赖皮，大人甚至恼羞成怒而处罚孩子。

如果父母不守信用，也会影响小孩不遵守规定，并模仿大人拖拖拉拉地不肯关掉电视或电脑，所以，先让孩子看到你会遵守约定、说到做到，而且不会耍赖，孩子才会心甘情愿地遵守。在教养上，爸妈为了不使自己面临进退两难的局面，可以适当地持保留态度，如答应孩子要带他去公园玩，但是碰巧遇到下雨的天气，父母可以预先告诉孩子："如果遇到下雨天，我们要改变计划，到室内场所玩。"

大人要尽量兑现自己的承诺，而且不要用抽象的借口，如"我有空会带你出去玩"。有没有空闲孩子很难界定，家长也容易以自我为中心地判断要不要带孩子出门。

2.给孩子做决定的空间

管教孩子时，先想清楚合理的行为底线，如果孩子提出的要求在这个范围内，父母不仅应该痛快地答应，更要为孩子的自我节制喝彩。

父母可以直接告诉孩子遵守规定的原因，如"我不喜欢你太晚回家，因为我会担心你的安全，所以我希望你七点以前回家"。如果孩子答应你，并与你约定七点前会回家，那么家长应鼓励孩子自律，让孩子知道他的行为能够得到你的信任。

若孩子希望可以延迟至八点以前回家，家长应倾听原因，判断儿女的理据是否合理，不要当讨价还价的父母，而使规定变得没有意义。

3.尊重孩子的意愿

爸妈承诺孩子的事情即使做不到也一定要尊重孩子，如"我'记得'要带你去动物园的事，但因为外头在下大雨，能不能让我'欠'你一次或是改去别的地方呢？"孩子在他三岁左右时，就需要被尊重，因为他们的想法很单纯，会把家长的话视为重要承诺。

4.做坚定的父母

与孩子约法三章后，大人要坚守原则，不应再动摇或放宽条件。坚定的父母不仅教养态度明确、坚决，且内心自信、踏实。说话算话、不拖泥带水的性格，足以让孩子心悦诚服。

父母可以把坚定当成一种技巧，而不是与生俱来的特质，并试着将孩子的责任放还给他。妈妈常为了小孩穷紧张，把小孩的事情当作自己的责任，造成有些孩子因迟到而错过校外教学的出发时间，或因为迟到而被老师处罚时，会怪妈妈没有叫他起床，其实妈妈叫过，但是孩子赖床不起，妈妈也很伤脑筋。

　　家长可以明确表示起床或写作业等事情属于孩子的责任，应该由子女主动去做，而不是依靠爸妈反复催促；并告诉孩子你的底线，如叫孩子起床最多两次，如果不起床的话，孩子必须自行负担后果，如此才不会让孩子总觉得有爸妈可依靠，而养成拖拖拉拉、喜欢讨价还价的个性。

"说"的亲子练习题

　　妈妈准备出门到大卖场购买生活用品，小萦也吵着要去。妈妈答应女儿，如果她不吵着买零食才可以带她去，小萦一口答应。但是女儿一到了大卖场，看到饮料、糖果和冰淇淋却一直吵着要买。妈妈该怎么回应呢？

NG行为

　　"如果你不要一直吵，等一下就买冰淇淋给你吃。"妈妈一开始表示小萦不能吵着买东西，但后来却说她不吵闹就买冰淇淋，前后矛盾的言语会让孩子不愿遵守一开始的约定。

高EQ回答

　　"我在出门前已经和你约定好不能买东西，我们应该要守信用，所以就算你现在一直吵，我还是不会买。"坚守当初和孩子约好的原则，并温和提醒孩子要守信用。

克服写功课症候群

——练习养成自动自发的基本习惯

冠嘉来自双薪家庭，爸爸因工作关系，经常出差在外，两三个月才会回家一趟，每次停留不到一个星期，就必须再度出差，所以冠嘉与爸爸的相处时间少之又少；妈妈是职业妇女，经常在公司加班到晚上十点多，每天回家帮儿子签完联络簿，冠嘉也差不多要睡了。由于爸妈工作忙碌，所以他从小就是保姆带大的。

因为妈妈和爸爸都很难抽空照料冠嘉的日常生活和学业，所以他们雇用保姆为儿子料理晚餐，并且帮忙检查每天的功课是否全数完成。冠嘉从小学一年级到现在的四年级，至少换过十几位保姆，如此频繁更换保姆的主要原因是，很难有一位保姆可以让儿子按时写完老师规定的作业。

儿子就读小学时，开始有家庭作业，但冠嘉非常不喜欢写作业，每当保姆要求他坐在书桌前写字，才写不到几个字冠嘉就开始画画、发呆、玩橡皮擦、打瞌睡或做一些和作业毫不相干的事。经常分心的情况下，作业总是拖拖拉拉地写不完，妈妈回家后，发现冠嘉的作业尚未完成也很伤脑筋，如果要求孩子熬夜写完，隔天上课又会精神不济；但是不规定他写完，隔天到学校没有按时交作业，老师就会写联络簿请家长多督促孩子完成分内事。

为了写作业的问题，妈妈已经换过很多位保姆，有的保姆会坐在旁边盯着冠嘉写功课，若发现他开始跑神儿或不专注，就会立刻责骂冠嘉；有的保姆会以糖果饼干利诱冠嘉；有的保姆则是不断进行道德劝说。但无论采用何种方式，冠嘉还是依然故我。

妈妈看到儿子对功课爱写不写的态度，有时候会忍不住严厉地要求他没写完就不准睡觉。并对他说："你不肯写是不是！好啊！那我就跟你耗！你没写完就不准上床睡觉！"

"呜呜……我写不完。"冠嘉边写边哭已经不是第一次。

在妈妈的高压政策下，即使冠嘉勉强写完，但写出来的字迹却显得潦草凌乱，或容易粗心地写错字、计算错误等，感觉就是敷衍了事的样子。这时候妈妈又再度感到为难，如果要求儿子重新写过似乎太过残忍，但另一方面又会觉得孩子对作业不够用心。

果然，当妈妈要求冠嘉必须重写功课时，儿子宛如受到晴天霹雳般的打击，他有时候会哭着求妈妈不要叫他重写；有时候会对她愤怒大吼表达极度不满，不愿擦掉重写，最糟的是儿子越来越厌恶写功课，而妈妈却拿他一点儿办法也没有。

用对策略，终止每晚的功课大战

当父母烦恼孩子不肯写功课时，总是会"逼迫"儿女完成作业，然而家长往往将重点放在孩子的作业是否能够完成上，却不深究孩子写不完的原因。其实很少有孩子"故意不专心"，他们常常是不知道如何专心，或是不知道为什么要专心。若大人愿意协助孩子找到原因，就能对症下药地改善孩子功课写不完的情况。

建议父母要求孩子写功课前，先和孩子谈谈什么是专心。专心就是集中心思做某一件事情；而为什么要专心？因为专注可以避免粗心出错，这样才能将事情做到最好；专心的行为表现是什么？例如，写作业时，不会边写边玩玩具，或是想到其他事情而分心，也不会轻易被其他事物吸引等。父母可以把问题提出来询问孩子，并借由亲子互相讨论，帮助孩子找出解决方式。

协助孩子找解决方法，可以让他知道你想了解他和帮助他，用鼓励且理解的话语告诉孩子："妈妈知道你不喜欢写功课，不过今日事今日毕，否则你的作业会累积得越来越多。我想到一个写作业的方法，你不妨试试看对于课业完成有没有帮助。"帮孩子解决问题可以缓和对立关系，建立亲子处于同一阵线的情谊。

家长应避免说出"快去写功课，没写完之前不准离开位子！"

或"不写就算了，后果自己负责！"的情绪化言语。当孩子只接收到家长的愤怒时，对于课业会更加排斥和抗拒；尽量使其感受到你的了解与善意，孩子才愿意接受你的协助。以下即提供几个策略，让家长培养孩子的自律能力：

1.揪出分心的根源

针对中小学生的父母调查统计显示，写功课最常发生的困扰，除了孩子不会写与不想写之外，主要有不专心、写不完、写太慢、写得太潦草、粗心大意等。

孩子分心的原因各有不同，因此需要不同的解决方式，现在就来厘清各种写功课分心的类型，并提出化解方案：

（1）**慢吞吞型**：其表现为作业写到一半，就开始发呆神游、转笔或画画；一般需要要求孩子才会说出不写作业的原因，才能订正错误，拖了半天依然原地踏步；且写字速度奇慢无比，奋战几小时仍没有进展。

孩子作业写得慢，首先要厘清是态度问题，还是能力有所不及。若孩子写作业很慢，是因为能力不足，家长可带着孩子复习学过的内容，借此观察孩子的问题出在哪里，是否有不懂的地方孩子却害羞不敢说，帮他找出症结点。没有时间陪孩子复习的家长，可用请教、求助的方式与老师联络、沟通，让老师知道孩子写作业碰到困难，并请老师多多关注孩子的学习情况。

儿童行为治疗师提醒家长，当孩子写功课发呆时，千万别急着破口大骂，先问他"刚才在想什么"，听完他的"内心话"后，再推测发呆的原因为何，有可能是因饥饿、疲倦等生理因素，或担心明日的考试，或只是在回想学校发生的事。父母可通过聊天，亲近孩子的内心世界，若孩子能信任家庭成员，则较易改变其行为习惯。

针对动作慢的孩子，"时间表"与"计时器"可以作为辅助小工具。刚开始可先测试孩子写一行生字、算十道数学题所花的时间，以此为依据，把课业分成数个阶段，让孩子与时钟来场竞赛，鼓励孩子在每个阶段的时间内，完成预计的分段作业，记得安排5~10分钟的喘息空间，若顺利完成则有奖励，此招对爱好竞争的孩子颇有成效。

（2）**心不在焉型**：其表现为在书桌前坐不到十分钟，就想要听音乐、吃东西或聊天；写作业经常有头无尾或虎头蛇尾；注意力不集中，且眼神游移不定。

写功课心不在焉的孩子也适用于时间表和计时器，这能使分心的孩子注意到时间的限制和感到计时压力，并借此督促自己完成作业。

这类型的孩子很容易被其他事物吸引，因此写功课的环境要尽量单纯化，书桌上除了作业本和文具，别的最好一律净空，不要放置削铅笔机、回纹针、铅笔盒、贴纸游戏卡等容易随手把玩的物品；同时，不要让他被电视声音或音乐声干扰；家长检查功课时，请等到孩子全部写完后再检查，以免孩子因担心作业有误而分散注意力。

只要降低环境噪声，让孩子习惯专注思考在同一件事情上，就有助于提升儿女的定性。

正向教养专家、耶鲁教养中心与儿童行为门诊部主任艾伦·凯兹丁（Alan E.Kazdin）也建议，若孩子一直都坐不住，家长可要求他从坐十分钟慢慢加长到三十分钟；如果一开始他仍无法稳定下来，就陪在他旁边，直到最后五分钟才离开，下次再改到十分钟前，然后逐次提前离开的时间。切记要"从他做得到之处开始，而不是大人认为他可以做到的地方"。若孩子连专心坐下十分钟都很难，那就从三分钟或五分钟开始训练，关键是家长应先去理解孩子的起始能力。

特殊教育系的教授特别指出，每个人都有不同的专心方式，家长应"找寻、顺应孩子的专心风格"，并试着让他主导、维护自己的专注，如此才能提升学习效率和成果。

专家在指导多动儿学习的过程中发现，非常好动的孩子若于周末、假日有固定的休闲与运动时间，大量消耗体力，并建立应有的肢体协调性后，反而更容易专注，这是一般师长经常忽略的。动得够，才能静得下来，对坐不住的孩子来说更是如此。其中像跆拳、体操、游泳等较缓和不激烈的活动有助于孩子运动后平静下来；若是过量的跑、跳、快速移位等球类运动，孩子则容易因疲累而失去专注。

（3）**忘东忘西型**：其表现为联络簿总是抄得不完整，要经常打电话问同学功课内容或考试范围；写功课要用的课本、习作或讲义常忘在学校，或是写了作业却忘了交给老师，家人隔三差五就得帮孩子送作业到学校。

东西总是丢三落四，回家作业一问三不知，总是犯迷糊的孩子，可从建立多管齐下的"自我提醒"机制着手。

针对容易忘记带东西的孩子，建议家长于书桌前贴"睡觉前请按照联络簿事项整理书包"，鞋柜前可贴"请再确认应带物品"。准备这一类的提醒小纸条，如"到教室后立刻把作业交给老师""放学前请确认要带回家的作业"，将纸条贴在书包内侧或铅笔盒上。通过无所不在的视觉提醒，让孩子养成"随时检查"的好习惯。

家长不妨告诉孩子，如果做到纸条提醒的事项，就可以逐步把纸条拿掉，或是和家长兑换小奖励，借此让孩子负起责任、督促自己。如孩子忘了带盒饭或作业本，父母千万别一通电话就快递到校，这样不但容易养成孩子的依赖心理，也让他们觉得"有靠山"，而缺乏仔细检查的动力。

至于联络簿总是抄得不知所云，不妨先问问孩子抄了些什么，是否看得懂自己联络簿上所写的事项；观察他在抄写时，是否得来回看很多次，才能把一个字抄写完全；抄写时是否经常会少一笔、漏一画地写错字；或对孩子进行口头检测时，孩子的表达良好，但同样的题目用纸笔进行测验时，孩子却写不出来或错误连连。如果孩子有以上问题，可能是有学习障碍而没被发现，结果被师长或家长误以为是善忘或不专心。若孩子有这些迹象，建议寻求学校或医疗机构进一步确认。

（4）**急性子型**：其表现为作业写得非常潦草，常看不懂他究竟写的是什么；写功课速度很快，却很凌乱；即使没有写错，但字体很丑，父母要求他们重写觉得不忍心，不重写又觉得孩子不够用心。

孩子写出来的每个字笔画都对，但字体看起来歪七扭八或是充满不协调感，如把"国"这个字的"玉"写得超出"囗"外，或是"捣"左半边的部首写得特别小、笔画复杂的"岛"却又写得很大。这种情况在低年级孩童的作业本上尤其常见。

当我们叮咛孩子"慢慢写""写漂亮"的同时，要观察孩子的肌肉发展是否成熟，毕竟低年级的儿童才刚练习写字，无法将字写得恰当也是情有可原，不必太过苛责之余，应尽量以更具体的方式让孩子明了写字的速度与漂亮的含义。

大人可以握住孩子拿笔的手，让他感受"写慢一点"的速度到底是多慢；而即使是很简单的"大"字，也可以让孩子细细观察，这三个笔画以怎么样的角度与姿态呈现才会在方格中的位置显得刚刚好，而不会过于狭长或扁平。

另外，可利用拆解中文字并重组的方式，慢慢引导孩子写出整齐漂亮的方块字。如"稀"可以拆成"禾"加"希"两样零件，其比例是一比二；而"圆"字可比喻为笼子，让孩子了解"囗"必须把"员"完整关住，不让"员"跑出来。以拆解重组的方式教导孩子认字或写字，远比用笔画、笔顺更有助于孩子大量识字与记忆，而通过拆解后的零件所占比例大小，也可让孩子慢慢体会如何写出匀称的方块字。

2.安排作业的优先级

一项以上的作业会给孩子造成不知从何开始的困扰，每天不妨花5~10分钟，陪孩子检视要做的功课，列出优先级，让孩子按顺序完成。

对于不容易专心的孩子，先从简单的功课着手，可以使他对接下来的工作产生信心，但要避免把最多、最难的部分留到最后。

建议让孩子进入状况的方式是，先做比较喜欢的科目，渐渐进入专心的状态后，再处理困难的部分；或是让孩子列出作业清单，每做完一件事，就可以在前面打钩，享受一一完成事情的成就感。当孩子因作业量过多而感到千头万绪时，清单可以协助他回到该做的事情上。

3.困难的作业分段完成

把看似复杂、冗长的工作切割成多个容易掌控的阶段，可避免孩子感觉功课没完没了。

注意力不容易持续，却容易被新事物分散的孩子，写的作业通常前面工整漂亮，但到了半途字体明显变乱，此时宜使用"分散练习"的策略，将作业分为三个或五个阶段，每当孩子完成某阶段就鼓励他："恭喜你过了第一关。"并让他休息一下再继续，或是转换其他作业。

家长要注意给子女休息空档，可以喝水、聊天，但不要做堆积木、画图这类活动或游戏，以免孩子无法再回到功课上。

"分段完成"意在每次只要完成一点点，孩子才会想挑战下去，如果一下子要求太多，孩子会觉得不可能完成甚至会干脆不干了。所以家长要平均分段，避免分段内容不一致。

"说"的亲子练习题

每次催促小哲写作业，都要三催四请才去写，而且常常写到三更半夜还没写完，为了让他完成作业，妈妈常陪他写到凌晨，结果孩子累家长也累。妈妈该怎么做才好呢？

NG行为

"再给你半小时，写不完的话，皮绷紧一点！"以言语或暴力威胁孩子不能从根本解决做功课的问题，反而会使子女更讨厌做功课。

高EQ回答

"你是不是有不会的地方，你告诉妈妈，我有办法可以解决。"主动关心孩子写不完的原因，其原因不外乎是不会写，或是分心写不完，找到原因才能解决问题，与孩子僵持下去只会让双方都很疲倦。

白脸黑脸都是为孩子好

——练习解开隔代教养的心结

.

志凯的妈妈婚后三年才怀孕，她的儿子是公婆盼了好久的"金孙"，自然是倍受宠爱，但是教养观念完全不一样的两代人，爱孩子的方式也截然不同。当时刚生完孩子的妈妈回到娘家坐月子，仍是婴儿的志凯由外婆帮忙照料。

老一辈人的观念认为婴儿要趴着睡，头形才会饱满圆润；但妈妈看了很多育儿资料，知道婴儿趴睡很容易引起窒息危机，所以应该仰睡才对。此外，外婆觉得要用布将婴儿裹紧，小孩才会有安全感；妈妈却认为裹住婴儿是一种束缚，志凯会不舒服。两人对照顾婴儿的看法不一，经常发生冲突。

"我不是跟你说不要用布把志凯裹得密不透风，这样他会不舒服！"志凯的妈妈对着自己的母亲说道。

"这样婴儿才有安全感，才不会爱哭闹。"外婆认为自己的育儿经验丰富多了。

"医生说不要包住，宝宝才方便活动，活动可以训练他的手脚协调能力，你们老人家怎么不听啊！"

"我还不是这样把你拉扯长大，难道你的手脚不健全吗？"妈妈被女儿质疑带小孩的能力，这让她很不高兴。

"照医生说的做就对了！医生比较专业！"志凯的妈妈也觉得不高兴。

"去去去！你那么厉害就自己带回去照顾！"

坐完月子后，妈妈带志凯回婆婆家住，并恢复工作成为职业妇女，白天上班时，儿子便交由爷爷奶奶照顾。公婆都对孙子疼爱有加，总是怕他吃不饱、穿不暖，连一句重话都舍不得说。妈妈怕公婆把志凯宠坏了，就对儿子的言行举止更加重视，若是儿子不乖，就会立刻严厉地指责，不希望他恃宠而骄。私下里妈妈也一直要求公婆不要太纵容志凯，否则小孩子以后会很难教，但是公婆对媳妇的话不以为然，妈妈与公婆也经常在教养上意见不合。

"我不是早就说过，不要让志凯吃布丁，他零食吃太多，正餐都吃不下了。"婆婆每天都在志凯放学后带孙子去买布丁或饼干，这让妈妈很困扰。

"志凯一回家就喊饿，晚餐没这么快煮好，就让他先吃一点垫垫肚子嘛！"婆婆认为吃点零食没什么。

"志凯过来，妈妈不是跟你说吃饭前不要贪吃零食，把布丁给我不准吃。"妈妈硬是把布丁拿走，志凯一脸不情愿。

"干吗那么严苛，连个布丁都不给志凯吃。"奶奶立刻上前为孙子抱不平。

"这些垃圾食物吃多了对健康不好，尽量不要让他吃。"妈妈希望能说服婆婆。

"我是买给孙子又不是买给你，你凭什么抢走我给志凯的布丁！"

诸如此类的争执经常在家中上演，婆媳之间总是唇枪舌剑、互不相让，双方都坚称是为孩子好，却不知该如何化解教养观念的差异。

和平化解隔代教养的歧见

现在双薪家庭的比例较高，夫妻为了赚钱，不得不将照顾孩子的责任委托给自己的父母。

即使是在隔代教养的家庭，父母还是会有自己的教育主张，两代人对"教养"两个字也有各自的诠释。以最平常的吃饭为例，老人家认为孩子要有规矩，不能吃得乱七八糟，不会吃就由爸爸妈妈喂着吃；年轻一代则鼓励孩子学着自己吃饭，尽管孩子可能连餐具都拿不好，就算食物掉满地也不要紧。

其实，爷爷奶奶愿意担负照养孙子的责任，除了宠爱之外，更是为了帮助儿女分担教养的重担，所以当自己的教养方式不受认可时，会格外的沮丧和难过。建议年轻父母要与长辈建立良好互动关系，互相信任、沟通，并在遇到问题时，掌握处理技巧，以下提供几项实用原则：

1.体谅了解长辈的心态

教养不同调时，首先要认清对方的角色：你面对的是孩子的祖父母，也就是伴侣的爸妈，所以他们一定不会出现伤害孩子的举动。接着还原情境：试着站在对方的角度设想，思考对方为什么会有这样的教养行为。通过这两个步骤，便很容易找出问题的症结，同时让彼此的负面情绪得以缓和，最终达到良性沟通。

有位妈妈曾表示，她每次帮孩子买书，婆婆总是抱怨太浪费。后来她和先生长谈，发现婆婆与公公的婚姻关系并不好，在公公掌握经济大权的情况下，婆婆在有限范围内努力张罗全家的生活，这些经历让婆婆认为除了填饱肚子外，把钱花在其他地方都是浪费。

了解婆婆过去的生活经验后，妈妈也比较能转换心态再沟通，重要的是让婆婆知道孙子看的书大多是从图书馆借来的，但偶尔也该拥有一两本自己喜欢的书，双方各退一步，争执就不会再发生。

老年一代的生活经验会反映在教养行为上，年轻一代若能够主动换个角度看问题，进入他们的情境去思考，便比较能够理解父母，沟通也会变得更容易。教养观虽然应该相互沟通，但与其期望老人家来了解自己的心境或处境，年轻一代主动表示理解并做出适当妥协会来得更容易些。

2.不要凡事插手爷爷奶奶的教养方式

年轻一代在提出任何教养要求时，往往会忽视执行的困难度。若长辈确实不方便或不愿意做某些教养工作，年轻一代就应该自己做，并切记在教养工作上，长辈是协助而非取代。

有位母亲对幼儿的阅读非常重视，但自己又没有时间陪孩子读书，便提醒婆婆每天晚餐后陪孙女读图画书，但妈妈每次回到家，祖孙俩总是在看电视。婆婆告诉媳妇，孙女根本静不下来听故事，但妈妈认为这是借口，为此和婆婆起了多次争执。某天妈妈休假在家时，想陪女儿读图画书，却发现女儿真的完全坐不住，这才知道自己错怪了婆婆。

每当长辈没照着自己规划的教养内容去做时，年轻一代最常犯的毛病就是不去正视长辈遇到的困难或状况，急着下指令甚至对老人心生不满。其实每个孩子的个性都有所不同，出现的教养问题也是因人而异，在"期待"其他照顾者达到理想标准前，应该自己先做做看，确认实际的状况或问题；进而提供具体的协助或改善方法。例如，孩子刚开始对阅读不感兴趣，不妨准备一些绘本或以简单图画故事为主题的影音光盘，请婆婆陪孩子看，来慢慢训练孩子的阅读能力。

很多父母因不能亲自教养产生愧疚感，又担心祖父母无法给予教育上的多元刺激，内心非常矛盾。在此要提醒父母，要常常想想

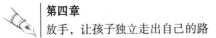
将孩子交给祖父母照顾的优点，不必有过多顾虑。以下即告诉大家隔代教养的优势：

（1）交给爷爷奶奶比交给保姆更放心、安全。

（2）孩子天天吃得到祖父母亲手做的健康菜肴，并得到祖父母的爱与生活照顾。

（3）夫妻俩可以无后顾之忧地冲刺事业，不用担心养小孩的问题等。

3.试着解决而不是表达不满

教养是门大学问，各种问题都可能发生，年轻一代应该针对大原则与长辈沟通，双方达成某些共识，不要拘泥于细枝末节的做法或观点。在不违背大原则的基础上，对于细节做法不妨轻松看待。

妈妈不喜欢让儿子吃零食，故对于婆婆每天买零食给儿子吃的行为颇有微词。虽然多次沟通，婆婆却坚持认为小孩子肚子饿吃点零食又何妨，结果双方为了小布丁而争执不断。若要避免正面冲突，妈妈不妨与婆婆商量改买鲜奶、豆浆、杂粮馒头或水果等健康食品，并说明不宜让孩子吃过多零食之类的原因，最终达成一个折中的解决方案。

找回几代之间的良好相处关系，年轻人必须先扭转对老一辈人士的刻板印象，并遵循以下技巧：

（1）对于长辈在育儿上的协助，心存感恩与尊重，接纳长辈因老化而出现的特质或需求。

（2）摒弃"食古不化"的偏见，从经验传承的角度去看待长辈的用心。

（3）多安排与长辈共处的家庭活动，并与长辈分享时下各种信息。

（4）认同紧密家庭关系的重要性，建立几代间共同教养的信赖感。

"说"的亲子练习题

逸祥是爷爷奶奶的宝贝孙子，二老经常塞零用钱给孙子用，妈妈担心儿子乱花钱，所以很不希望爷爷奶奶如此宠惯逸祥。妈妈该如何开口，才不会让二老感到不悦呢？

NG行为

"不要给他多余的零用钱，逸祥会乱花钱都是爷爷奶奶给惯的！"怪罪长辈会导致教养争执，孩子也无法真正懂得正确使用钱财的方法。

高EQ回答

"我知道爷爷奶奶疼孙子，但是他还不懂得该如何正确花钱，不如先帮逸祥存起来，再慢慢教他管理零用钱的方法。"与其拒绝长辈对孙子的爱心，不如换个方式接受，并给予长辈正面的教养观。

千错万错都是别人错

——练习反省自我不卸责

妈妈发现小铭遇事喜欢找各种借口，却从不懂得反省自己。考试考不好，小铭就说老师教得不好，害他考差了；参加篮球比赛如果输了，便责怪队员不配合他，不把球传给他，所以导致输球；就连房间太凌乱没有好好整理，小铭都觉得不是自己的错，抱怨三岁的妹妹把房间弄乱了。总之，千错万错都是别人的错，和他没有一点关系。

"你怎么都在怪别人，你没有好好收拾房间还怪到妹妹头上！"妈妈看不惯小铭爱抱怨的个性，出言制止他。

"真的是妹妹弄的啊！她每次都擅自拿我的玩具和故事书，还乱丢在地上。"

"你就只会说妹妹，衣服帮你叠好后，你还不是随便塞进衣柜，不好好放整齐，把衣服都弄皱了；还有书桌上的橡皮擦屑累积得越来越多，你也不清掉，还随手拍到地上，最后还不是要妈妈帮你清理；跟你说好多次，不要在房间吃东西，你就是不听，结果饮料洒在床单上，也是我帮你洗！"妈妈一口气把小铭的罪状讲出来。

"为什么妹妹就可以不用整理房间，我就得整理？是妈妈偏心。"

"我哪有偏心，妹妹还小，还不懂怎么整理啊！"

"你只会对我生气，对妹妹却好声好气！"

"你不要岔开话题，我现在是跟你说整理房间的事情。妈妈不喜欢你一直找借口，只知道抱怨别人，不知道自我反省。"

其实这也不是母子俩第一次为了这件事而吵，妈妈一直都希望儿子可以停止抱怨，并反思自己的行为，但是她从未听到小铭自省，反而只看到儿子推卸责任的一面。

妈妈曾经有很多次耐着性子和小铭讲道理，并告诉儿子不该说别人的不是，但小铭却仍然没有改善抱怨的习惯，于是妈妈常常与儿子爆发冲突。为了让小铭能承认错误，妈妈总是不留情面地指责儿子。但是她的态度越直接，小铭就越不肯认错。软硬兼施的妈妈已经不知该如何是好了。

找到抱怨和自省的平衡点

抱怨是一种情绪表达，若想解决，就要从情绪着手。抱怨不像喜怒哀乐那么容易辨别，抱怨经过很多层情绪的包装，可能综合生气、挫折、伤心、焦虑等心情。因此，回应"抱怨"并不简单，家长对"抱怨"的某些情感与认知，可能会影响到自己如何回应孩子的抱怨。

要了解孩子抱怨背后的感情，可以先回想自己曾经抱怨的事件，例如，抱怨老公是"呆木头"，背后的意思可能是"我需要你的陪伴"；对老公抱怨"孩子不好教"，也许是想表达"我需要你的帮忙或不要怪我管不好孩子"；抱怨"公婆难相处"，要传达的或许是"我希望情况可以改善"。有些怨言则是自觉委屈，明知说出来也未必能解决，但至少想得到些许安慰，由此可见，抱怨背后总有说不出来的需要。

情绪心理学家曾提到每种情绪都有正、反两面的功能，而情绪发展与认知系统有很大的关系，其中影响最大的是人如何解释所发生的事情，有些人会赋予负向的原因即"黑暗想法"；有些赋予正向的原因即"阳光想法"。黑暗想法容易阻碍我们回应孩子的真正需求，而阳光想法则能带领孩子走出抱怨的阴霾。

从心理学角度来看，当需求没有得到满足时人就可能产生抱怨，即使个人需求不合理甚至过分，但只要他人没有给予适当的回应，事后可能产生更多抱怨。

情绪稳定是解决问题的重要因素，父母亲面对孩子的抱怨，最重要的是协助他了解自己的情感，能以适当的言语来安定孩子的情绪。当孩子情绪稳定后，他就能有较多的能量去面对自己抱怨的事情，并担负起责任。

区分孩子的抱怨类型有助于父母正确回应孩子的需求。一般而言，孩子抱怨有以下几种类型：

1.纯粹想发泄型

当父母提供很多解决办法，却遭到孩子忽视或拒绝时，父母可以想一想，孩子是不是只是想发泄情绪。或许他们只是想有人听他们说话，而不是想听到长篇大论的大道理。父母可以问："你希望我们当垃圾桶，听完就好，还是需要我们帮你想法子解决问题？"通常孩子会直接说出答案。如果孩子只是想发泄，或许可以适时听孩子诉说自己的心情，这样坏情绪才不会累积。

2.表达自我需求型

这种类型的孩子经常会说"为什么谁谁可以我不行？""谁谁也这么做，为什么只有我不行？"等等，孩子其实很辛苦，他们难以直接提出自己的需求，只能借由别人的行为表达意愿。父母可以视情况支持孩子的需求，并鼓励地说："你直接跟妈妈说你也想要，这样我就了解了。"让孩子清楚明白地说出需求，亲身感受到"说出来有效果"，将有助于减少抱怨。

3.欲达目的试探型

孩子可能会抱怨"谁谁的零用钱很多""谁谁可以打电动""谁谁现在就有手机"等，以此试探父母的反应如何。父母应先回应孩子的内在需求："似乎是你想要更多零用钱、更多玩的时间对吧？"再问孩子"你想要买哪些东西？想玩多久？"听听孩子的要求合不合理，如果合理不妨适度调整；如果不合理，家长可直接表达零用钱的额度或开放玩电脑的时间。对于孩子因比较而产生的匮乏感，试着告诉孩子："不用去羡慕同学，因为我们也都是把最好的给你啊！"

4.借口一大堆型

这类型的孩子为了躲避家长的责备，会以"老师作业布置好多，所以我才写不完""都是同学惹我，我才会生气"等理由当作挡箭牌。他们很怕别人说那是他的责任，或是他又做错了什么事，所以会尽量找借口并推卸责任。其内心只是想表达："我已经尽力了，不要再唠叨了。"若父母以此为由而严厉教训子女，孩子只会找更多借口抵挡家长的责骂，大人应试着说："我知道你尽力了，但当你需要帮忙时，记得跟我说哦！"让孩子明白你不是要怪他，只是想帮他。

"说"的亲子练习题

妈妈有时候会请女儿玉欣帮忙晾衣服或做家务，玉欣虽然会应声答应却常常忘记做，当妈妈责备她缺乏责任感时，玉欣反而抱怨妈妈只会叫她做家务，弟弟却可以在一旁看卡通。妈妈该如何回应呢?

NG行为

"不过叫你做一点小事就爱抱怨！"父母容易忽视抱怨背后的原因，也许是孩子感到不平衡、觉得妈妈偏心，若生气地面对孩子的怨言，只会招来子女更多不满。

高EQ回答

"妈妈很信任你，所以想请你帮忙，不小心忽略了你的感受，我以后会请弟弟和你共同完成家务。"找出原因，解决抱怨来源，孩子也就不会因不平衡而推卸责任了。

失去亦是获得

——练习带领孩子认识生命教育

　　佳蓉出生时，爸妈决定领养一条狗陪伴女儿成长。因为许多专业学者研究指出，家里养狗的孩童，发生过敏的概率比没养狗家庭的孩子还低，免疫力也比没养狗的家庭更高。而英国的一项研究也发现，家中养狗的小孩比较健康、活泼。

　　爸妈考虑到狗的个性，担心较年幼的狗会太调皮，可能会乱咬东西或是不受控制，所以他们决定选比较成熟乖巧的狗。最后，他们领养了一只拥有棕色皮毛的三岁小狗，虽然才三岁，若换算为人的年龄已经称得上是一位"成人"了。

　　女儿还是个小宝宝的时候只会牙牙学语，所以爸妈将小狗取名为牙牙。当宝宝发出"咿咿呀呀"的声音时，小狗就以为宝宝在叫它的名字，所以总是兴奋地跑到佳蓉身边，宛如守护宝宝的士兵。

从小一起长大的佳蓉和牙牙，感情就像家人一样，会一起玩、一起出门散步，当佳蓉心情不好时，牙牙便轻轻靠在她身上默默地陪伴，并聆听佳蓉的哭诉；佳蓉心情好的时候，牙牙也会开心地摇尾巴、转圈圈，一副雀跃的样子。

全家人都觉得牙牙非常有灵性，而且个性体贴又聪明，他们虽然没有特别训练牙牙，但是当佳蓉发出口令或比出手势时，牙牙就会顺从地坐下或趴下。

"牙牙！过来！"佳蓉一招手，牙牙马上踩着小碎步快速地跑来。

"牙牙！去捡球！"佳蓉丢出小球，牙牙立刻飞奔过去捡回来，这个游戏不管重复几次，孩子和小狗都乐此不疲。

爸妈看到佳蓉和牙牙的相处如此愉快，都觉得养狗是正确的决定，尤其是年纪还小的女儿为了给牙牙一个舒适的环境和健康的身体，不仅会定时帮小狗洗澡，还会帮忙清理它的大小便，并提醒妈妈带牙牙去打预防针。

转眼间，几年过去了，佳蓉成为小学一年级新生，此时的牙牙已经十岁，对狗而言已是高龄。当佳蓉招手示意牙牙过来时，它无法迅速地跑过来；也不能灵活地玩捡球游戏，佳蓉发现，牙牙的动作变得迟钝缓慢，胃口也大不如前了。

佳蓉不懂牙牙为什么变得不再活泼，妈妈向她解释："牙牙年纪大了，已经是一位老先生了哦！"

"但是牙牙没有白头发，也看不出它变老了。"佳蓉困惑地回应妈妈。

"外表虽然看不出来，但牙牙的身体却变得虚弱退化。"

佳蓉似懂非懂地点点头，并温柔地抚摸牙牙柔软的皮毛。

第二天早上，佳蓉一起床就找寻牙牙的身影，按照惯例，每天早上他们会一起下楼散步，但是佳蓉叫喊了好几声，都不见牙牙过来。于是佳蓉四处找寻牙牙，它既不在窝里也没有在阳台晒太阳。后来，佳蓉在沙发底下看到它，牙牙一动也不动地趴着，眼睛也紧紧闭着，当爸妈看到牙牙的模样时，都知道它已经去世了。

爸爸对女儿说："牙牙睡着了，不要去吵它。"

女儿一直追问牙牙为什么睡着却没有再醒来，但始终没有得到正面回应。刚开始，她非常想念牙牙，也哭了好几次；长大后，渐渐接受牙牙不会再回来的事实，但她却有点儿埋怨爸妈没有告诉她真相，她当时还以为牙牙会醒过来，一直抱着希望却一直失望，伤心了很长一段时间才逐渐平复。

父母忧心牙牙的去世会让女儿遭受巨大打击，所以就没有直接说出事实，殊不知隐瞒反而得不到佳蓉的谅解。究竟该如何给女儿生老病死的概念，父母也不知道要怎么拿捏。

生命教育该怎么教？

子女可以通过养宠物，培养很多宝贵的能力，包括表达关爱、负责任，也包含学会珍惜与面对分离。

分离是人类很重要的情感，因为离别，人学会回顾在关系中的施与受，从中学会珍爱所有，放下自责或牵绊，并勇敢地活在当下。无论是谁，走到生命的终点时，就像是一种哀伤到此结束的宣告，即使死亡所带来的痛苦不易复原，但日子仍要继续，所以人必须靠智慧走出悲伤，而这个智慧是可以教导和学习的。

父母不需要担心孩子太小听不懂，或是害怕他们无法承受打击，只要是真话，孩子就会学着思考并了解，但是骗了孩子，日后孩子就难以再对父母信任。既然生老病死不可避免，应告诉孩子爱要及时，如孝敬父母、友爱兄弟、善待朋友、爱护动物等，拥有无憾的人生。

如果当时父母对孩子说："狗老了会死是不变的事实，但它在我们家曾有过快乐的生活，我们全家都很爱它。如今我们思念它，仍能想象它还是像以前一样陪伴着我们。"如此便能帮助孩子正面思考，走出悲伤情绪。

与孩子进行生命教育的对谈，可以分为前、中、后三个步骤，以下即详述每个步骤具体的做法。

前：让孩子有心理准备

首先，孩子跟我们一样有权利知道事情的真相，所以请不要刻意对孩子隐瞒事实，那只会让他们感觉孤立或自责。与孩子一起经历悲伤的过程，对亲子而言是很好的成长，故家长应选择一个舒服的环境，如床边、玩具室、车上等安全感十足的地方来谈论这个话题。另外，提醒家长避免在睡前讨论，因为小孩必须依靠不断地回想及发问来学习，因此家长应该保留时间让他们消化思考。

中：孩子对事情的理解程度

开启话题最好的方式，就是先问孩子知道些什么。他们可能已经从大人身上感觉到不对劲儿，家长最好先了解孩子们对这件事的理解程度，再开始说明。

解释死亡的用语，需要依照小孩的年纪而定。对低年级的小朋友，可用简洁的字词说明，但请绝对避免说："他们睡着了，而且永远不会再醒来。"反之，你可以说"他的身体太虚弱，所以已经停止呼吸。"

中高年级的小孩已有独立思考的能力，会有更多的疑问，甚至对这个议题发表意见，与父母讨论该如何办理后事、如何面对悲伤，等等，请家长务必耐心倾听，多加体谅。

孩子喜欢自己被当作大人一样受尊重与对待，故家庭中的亲子互动模式，应该是平行的对谈，而非上对下的说教。

后：观察得知真相后的反应

孩子知道真相之后，可能会继续玩电脑或似乎显得无动于衷；但也有些时候，孩子会难以克服恐惧，当他们出现头痛、胃痛、失眠、食欲不好等情况的时候，应向老师报告，请老师特别留意孩子在学校的情况。

此外，应让孩子维持原来的生活步调，照常上学、练习足球、参与社区活动等，踏实生活才会让孩子以及父母从悲伤中恢复。当然，请多拥抱孩子，多花一些时间陪他，让他知道你们会一起克服困难。

最后，请父母不要害怕在孩子面前说出你的忧伤，因为子女也在学习大人们处理悲伤的方式。面临宠物或长辈逝世虽然很难受，但释放悲伤后依旧认真生活，是对逝者最大的敬意。

为人父母虽然不希望孩子被伤心击倒，但如果孩子对于从小看着他长大的长辈或是喜爱的宠物的离去没有显露悲伤情绪的话，家长也会担心子女的表现太冷血。

如果孩子看到爸妈摔倒而哈哈大笑，或是家中长辈去世，孩子表现得无动于衷，家长内心通常会觉得很受伤，甚至认为孩子没有同情心。其实，孩子的心智发展及道德认知会因成长环境而不同，同情心发展的速度也因人而异，父母必须体谅"伤心"和"同情心"不是天生具备的，而是通过学习得来的。

家长应检视自己平常是否不够体谅孩子，或经常嘲弄、取笑孩子，让子女感受不到父母的关怀，孩子因此缺少理解心。若反应过度地责怪孩子，如"你看到我跌倒还笑得出来！""你看到小狗死掉还能嘻嘻哈哈！"甚至严加斥责孩子的行为，孩子则只知道自己似乎惹家长生气了，却不知道为什么，这只会让孩子产生排斥感，并对父母或他人的喜怒哀乐无感。

家长应耐住性子，在平时多花一点时间解释自己的情绪，如

"失去爷爷我很难过，因为我小时候爷爷会陪我玩，告诉我很多道理，我知道他很爱我，我也一样爱他，所以他的离开让我一时之间感到怅然若失。"让孩子感受到亲子间的爱，孩子才能渐渐拥有感情，并懂得站在对方的角度思考。

"说"的亲子练习题

爷爷因癌症去世，爸妈都感到非常伤心，带孩子到医院探视最后一面时，孩子问说："爷爷为什么不起来和我玩？"父母听到孩子的话该如何回应？

NG行为

家长为了不让孩子太早接触生老病死，所以强忍悲伤告诉孩子："爷爷睡着了，不要吵醒他。"大人用谎言哄骗孩子，只会让孩子产生错误的解读，亦无法信任父母。

高EQ回答

"爷爷生病了，身体太虚弱而离开我们了。我们虽然难过，但会拿出勇气来面对。"告诉孩子事实为何，并直言自己处理悲伤的方式以开导孩子。

"放手"练习：
好好谈性，给孩子完整的性向教育。

认识穿裙子的男生

——练习建立性别平等的观念

　　家诚是小学六年级的学生，他有一个还在念幼儿园的弟弟，兄弟两人都和妈妈的感情很要好，放学回到家，他们总是迫不及待地和妈妈分享今天发生的事。

　　"妈妈，老师今天告诉全班，圣诞节要表演舞台剧《灰姑娘》。她问大家想要演什么角色，几乎全班男生都想要演王子，少数人想演动物，只有张小华举手说他要演灰姑娘，因为他想要穿高跟鞋和公主礼服，于是全班都笑他是娘娘腔。"弟弟觉得小华受到全班的嘲笑，似乎有点可怜。

　　"那你笑他了吗？"妈妈问小儿子。

　　"我没有，我觉得他被大家笑看起来很可怜。虽然我不懂他为什么想当公主，但他只是诚实地说出自己的心愿。"

"好恶心哦！我觉得男生硬要把自己弄得像女生一样，变态得让人受不了，我们班也有一个男的，会像女生一样尖叫，走路姿态也扭扭捏捏，甚至大言不惭地说他就是喜欢女生。"家诚听到弟弟的话，也分享了他们班的情形。

"其实，每个人都有不一样的个性和想法，我们不该要求别人一定要和自己一样才算正常，相反要懂得尊重不同族群的人，何况他的行为并没有妨害到其他人。"妈妈尽量客观地分析，她不希望儿子用有色眼光看待别人。

几天后，妈妈收到一封电子邮件，她点开邮件，发现这是通过网络转寄的一份联署邀请。在这份联署内容里，有"教育部"给老师参考的"性别平等教育"部分教材。这几份教材不仅有露骨描述性爱的文字，对于同志婚姻、多元情欲的探索似乎采取全面接受的态度。

许多父母不敢相信，这类争议性的内容，有可能在今年八月全面融入中小学课程实施里。为了阻挡这样的课程进入中小学，以守护下一代幸福为口号的"真爱联盟"发动联署来反对此类课程，根据统计已有超过十六万人参与联署，台北市教师会、台北市小学生家长联合会等团体也公开表示了反对的立场。

看到这份联署的妈妈，也不禁担心儿子们若接受这些教育，是否会引起偏差行为或观念，她虽然尊重不同族群的性向，但探讨情欲的课程似乎不适合让年纪还小的孩子们接触。

于是，妈妈也参与了这一份联署，不只是她，许多父母也都选择

联署，越来越多人关注此事，也因此引起支持与反对声浪的抗争。然而这些父母的恐慌却被贴上了"歧视"的标签，支持者觉得不平等的法案等于歧视同志。双方各有道理，究竟该如何教育下一代呢？

家长们你在怕什么？

首先，家长要厘清草案内容，引起争议的三本"教材"为《认识同志教育资源手册》《我们可以这样教性别》《性别好好教》，这并非是给孩子看的课本，而是教育主管部门编写给老师参考的资源手册。

根据教育主管部门的说法，"性别平等教育"共计有六十九项能力指标，其中与同志教育相关的指标只有两项，实施阶段从小学五年级才开始。所以并非网络联署所说：孩子从七岁就会接触到同志教育或多元情欲的内容。

这几本给老师参考的教材并不是毒蛇猛兽，却挑起了父母心底深处的忧虑恐惧。父母对孩子性教育的担忧，早已经超过该不该认识同志的范围，很多父母根本不知道在当前越来越混乱的"性"时代，该怎么和孩子谈性，更担心孩子在外界混乱的引导中，是否会误闯性爱禁区，会不会落入情欲陷阱。父母的担忧不是没有道理，现代人对性的观念很容易受到下列事项的影响：

影响一，媒体的重口味报道。现在媒体宣扬的各种混乱的性观念、性爱内容等，如洪水般涌进孩子的生活。打开电视或翻开报章杂志，"初中女生诞下一名男婴"之类的耸动标题天天可见。不伦外遇、小三剧情火热，就连网站的性爱偷拍也到处流窜，情色内容更是无所不在，老师们感叹，过去大家不敢谈的性，现在每个人都可以毫不设防地畅谈。唯一不敢跟孩子谈性的，大概只剩下父母了。

影响二，滥用科技。各式新兴的科技产品，包括智能手机、相机、摄影机等，也沦为滥性工具。如今的学生普遍拥有智能手机，所以时不时就会传出初中生偷尝禁果，被同学用手机偷拍、并在网上分享等事件。

影响三，校园不安全。光是电视节目和报章杂志，就足以把父母弄得神经紧绷。若看到"卫生署"的统计数据，家长们想必会更加困扰，根据"卫生署""初中健康行为调查"结果，近八成的初中生曾接触色情平面媒体、逾四成曾与异性约会、约3％曾有过性行为，其中仅六成避孕成功。孩子愈来愈早熟、对性的观念也愈加开放似乎已成趋势。

影响四，性别角色交错复杂。男女当街搂抱亲吻已不稀奇，同性间的亲密互动也因社会上同志意识日渐流行而愈来愈常见。在亲子讲座上，父母发问的不再是："女儿交男朋友怎么办？"而是"儿子爱上男人怎么办？"男男恋、女女恋，这种性别角色复杂的情爱关系，已经超过许多父母的理解范围，让他们不知道该怎么教育孩子才好。

对大多数父母和老师而言，他们成长于区分清晰的两性世界，但现在性别平等教育主张的"性别多元"的价值、理念和内涵，这是一种全新的论述和诠释，家长不清楚、也不知道为何要认同这样的价值观，或需要认同到什么样的程度。当他们翻开这几本有争议的性别平等教材时，强烈地感受到原本传统的家庭价值观被批判、否定，甚至推翻。

举例来说，在《我们可以这样教性别》这本教材的总论序言里写着："教育工作者的视野以及专业知识需要不断开阔，不能再用过去所学的那一套'父权文化下的传统性别框框'，教导现代多元社会的孩子。"又如教材中写："如果这是一个性别平等的社会，则不管女人、男人、同性恋、异性恋、跨性别者走在路上皆无须担心遭受异样眼光，因为这会是个性别友善的空间和环境，也没有人会强调'同性恋'这个词，因为父权体制下的性别定义已消失，取而代之的是多元的社会。"

许多参与联署的家长会担心，在这样的论述前提下，他们强调的两性观念似乎变成了传统、落后，甚至是一种需要被推翻的父权或霸权；若表达出不同观点，很容易就被标签化成"恐惧同志"和"性别暴力"。在此，我要为充满疑虑的父母和师长们提出以下几点认识：

第一，对多元性别有顾虑的父母不等于恐惧同志。

第二，担心多元性别影响孩子的父母不等于基督徒或宗教分子。

第三，多元性别的议题不等于标准、专业的知识体系。

第四，提早教育多元性别不等于提早理解多元性别的内涵。

第五，将多元性别诠释得详尽确实不等于最优良的教育方式。

第六，盼望多元性别能循序渐进地推广不等于全盘否定多元性别的存在。

第七，学者对于多元性别的叙述无论赞成或反对不等于全面且普及的教材圭臬。

如果性别平等教育强调"尊重多元"，那么选择"传统价值观"的人，也属于多元中的一种。换句话说，如果性别平等的课程想呈现多元的观点，应该教育孩子尊重不同的观点，如有人赞成同性婚姻、有人赞成异性婚姻，社会允许存在正反意见，或两者以外的其他观点，这才是真的多元思考和批判。

家长应该了解，健康教育的课本内容已不复使用，现在的孩子需要更完整的性教育，完整的性教育有赖家庭和学校共同提供，以下列出一些具体方法。

1.先从谈心开始建立价值观

在价值观多元的时代，家长更要不吝与孩子讨论自己与家庭的价值观。而学校、教育行政系统，对于尊重不同家庭的信仰与价值体系，也要更敏感。如看似开放的美国，其实各州或地区也有不同的价值体系。有些州的宗教团体与价值观比较强势、有些州比较强调多元开放，因而发展出大略可分为两种价值体系的性教育：一种是"全面式"的性教育，从幼儿园开始，就会有一套完整详细的性教育，完整陈述各种性议题与安全性行为的教导；另一种性教育体系则强调婚前守贞，不教导、不鼓励婚前性行为。

学校可提醒父母了解不同区域采取的课程，并根据家庭的价值观，对孩子做必要的补充教导，因为家长有教养权。当学校教育的内容与家庭的价值观有很大的冲突时，父母一方面要跟孩子讨论自己的价值观，也要跟老师沟通并表达自己的价值观。

同性恋议题仍是一个充满争议的多元议题，即使在看似开放的美国，孩子要去参观同志家庭前，学校也会先给家长一张通知单，由家长决定孩子是否可以去。当出现某些争议时，应该尊重家长的意见，直到孩子足以成熟面对。

2.适时、适量、适当的性教育

此次有关同志教育课纲与教材的争议中，最使家长、教师疑虑的部分，不是"该不该教"，而是"教什么"以及"怎么教"。教育主管部门发给全国各校的《认识同志教育资源手册》的内容谈论到关于"要积极教导学生如何正确使用保险套、指套、制作口交膜"等相关细节，这引发了家长、老师们诸多疑虑和讨论。

性别平等教材应效法电视和电影节目采取分级制度，原因在于有些信息会妨碍孩子的身心发展。在小学、初中阶段，孩子的认知发展、判断能力、情绪管理是否足够成熟、稳定，足以理解这些教材的内容呢？这些疑虑都需要在编订性别教育课程时，给予更多的研究与讨论，如此才能让父母安心。

所有的教导，都应考虑到受教者（儿童或青少年）的身心发展阶段。以香港为例，其性教育学习期望与目标中，很清楚地划分不同阶段的教导重点：先让少年及儿童认识自己生理与心理的变化、认识两性的关系，并学会"以理性的态度，控制和处理自己的性冲动"；接着才会进入到性别平等教育，包含认识不同性取向和生活方式；同时要正确认识性行为、避孕与生命庄严的关系。

参与编写台湾性别平等教材的教授，看到社会大众将教材中的少数细节放大，感到非常不平，同时也理性地回应到底该教些什么，在目前社会没有共识的情况下，这些内容值得再讨论。面对具有争议性、整体社会尚未有共识的价值辩论，教育部门更应该谨慎作为，邀请各方意见代表与价值主张者，进行更细腻的讨论和研究，而非任意将教材内容外包，以致缺乏监督与把关。

3.为下一代着想

性别教育从广义来说即为生命教育，生命教育包括人权、性别平等教育、性教育。如果老师只教半套，只着重于多元情欲的探索，却没教身体的自主、责任、法律、感情等相关内容，反而会使教育变质。在这次的性别平等教育教学指引里，出现"堕胎是一项合理、合法的选择"一语，单就法律来说，这个说法已违反目前台湾的《优生保健法》规定。很明显在编订教材和教学指引的过程中，编者缺乏周全的衡量与审慎的思考。教育是一种选择，不仅是价值观的选择，也是优先级、轻重缓急的选择，故在尊重彼此的前提下，也应以孩子的健全发展为落脚点。

"说"的亲子练习题

就读初中的女儿小红告诉妈妈，班上有一个女生向她表白，而她对同学的行为感到害怕。此时妈妈该如何回应？

NG行为

"女生喜欢女生是不对的，你以后不要理她，也不要和她做朋友。"大人以自我观念教孩子去讨厌一个人，会使孩子日后不懂得尊重他人，而只以自己的喜好做评断。

高EQ回答

"妈妈虽然也觉得女生爱同性很特别，但我们应该尊重别人的感情价值观，如果你不喜欢她，可以直接告诉她你无法接受这样的关系，彼此仍能当朋友。"告诉孩子自己的价值观是什么，并以尊重为前提，适当表达自己的意见。

教养EQ检测~
您对孩子的溺爱指数是多少？

意志薄弱、遇事呼天抢地、骄傲自大、凡事责怪别人是缺乏责任心的表现，每个父母都不希望孩子这样。但羊毛出在羊身上，父母可能就是造成这种情况的主要原因。请试着做以下测验，将每一题的分数相加，再对照解析结果，看看自己对孩子的溺爱指数。

1.请父母们凭直觉选出以下最让自己高兴的选项?

　　a. 小孩考试考了一百分，音乐比赛得到第一名……………2分

　　b. 孩子穿了一件漂亮的新衣服，看起来好可爱……………3分

　　c. 儿女变得懂事听话，让家长很欣慰……………………1分

2.以下选项中，父母凭直觉会先挑哪一项优点称赞孩子?

　　a. 在公交车上主动让座给老先生……………………………1分

　　b. 帮忙做家务………………………………………………2分

　　c. 节俭不乱花钱……………………………………………3分

3.小孩生日将至，请从下列选项中选出你想送给孩子的礼物。

　　a. 一本你希望孩子阅读的书籍………………………………1分

　　b. 孩子盼望很久的高级机器人玩具…………………………3分

　　c. 实用的文具礼盒……………………………………………2分

解 析

A. 3~4分。 这类型的父母能与孩子建立互信互谅互爱的亲子关系，无论发生什么事情，都能真诚地沟通、面对、解决，大人对孩子不会过度溺爱，同时也让孩子感到自己能获得家人的关怀和支持。

B. 5~6分。 这类型的父母比较严厉，会让孩子感到很大的压力，有可能会对孩子期待过高、忽略孩子的心情。建议父母要常关怀孩子，即使孩子乐于成为家长的骄傲，但仍需要家人的支持和鼓励，而不是只看到家长严肃的一面。

C. 7~9分。 这类型的父母溺爱指数非常高。宠爱与溺爱仅一线之隔，虽然在被爱的环境下长大的孩子会更懂得爱与尊敬，但是要适当拿捏，不要放任而成了溺爱。尤其无条件地满足孩子的物质欲望，容易扭曲孩子的价值观。孩子还小的时候，父母可能买得起大部分孩子想要的东西，但长大后他必须学习独立把握人生，更要学会理性对待自己的欲望。

教养EQ检测~
您是诚信父母吗?

孩子与亲朋好友约定某件事情时,能否遵守规定、讲求信用地说到做到呢?要让孩子诚信,父母先要取得子女的信任,如此亲子才能共同分享生活、彼此互信互依。请做以下测试测验家长在孩子心目中是不是讲信用的父母。

1.孩子会抱怨父母经常忘记彼此说过的话。

　　a. 是。

　　b. 不是。

2.曾经把孩子的秘密告诉别人。

　　a. 是。

　　b. 不是。

3.惩罚孩子没有固定方式,只会依照自己当下的心情给予轻重不一的处罚。

　　a. 是。

　　b. 不是。

解 析

说明：请依照刚才的测试，对照以下的解析结果。

A. 都选a。 这类型的父母在孩子心目中早已信用破产，孩子向大人诉说心事时，家长经常表现出心不在焉的样子，也经常忘记跟孩子说过的话。但对孩子而言，和家人的承诺很重要，一旦被忽略，就会丧失对父母的信任。

B. 都选b。 此类型的父母重视承诺，懂得与孩子建立信任的关系，做孩子最坚固的精神支柱；将自己与孩子的约定牢记在心，即使因为某些原因而无法实现，也会努力取得孩子的谅解。

C. a、b都选了。 这类型的父母容易依照自己的性格做事，即使与孩子有过约定也可能出尔反尔。大人无法遵守承诺，孩子也会照着学，以致亲子关系忽冷忽热，彼此间缺乏足够的信任。